3ステップで

行動問題を解決するハンドブック

小・中学校で役立つ応用行動分析学

Gakken

はじめに
何のためにその行動を変えるのか？

　日々、子どもと関わる中で「なぜ私の言うことをきいてくれないのだろう」「なぜこんなこともできないのだろう」と感じ、「なんとか子どもの行動を変えたい」と思うことがあるでしょう。本書を手に取ってくださったのは、まさにそう思われている方々なのかもしれません。

　本書では「子どもが望ましい行動をやってくれない」、そして「子どもが問題となる行動をやめてくれない」という２つの問題を「行動問題」（あるいは「行動の問題」）と呼び、その問題に取り組むために応用行動分析学（Applied Behavior Analysis：ABA）の理論や技法を紹介します。さらに本書では、ABAの理論や技法が「絵に描いた餅」とならないよう、読者のみなさんが日々の教育活動や子育ての中で、それらを「自分のもの」として扱えるようになり、自ら解決策を導き出せるようになっていただくことを狙いとしています。
　ABAを学校教育や子育てに生かそうとする際に気をつけなければならないことがあります。それは単純に

「子どもに言うことをきかせること」や「扱いやすい子どもに育てること」をゴールにするべきではないということです。例えば、「自分の意見を押し殺して周囲に合わせる子ども」「大人の指示に無条件に従う子ども」「嫌なことを我慢し続ける子ども」などは、一見「扱いやすい」と思われるかもしれませんが、実はこれらの子どもはある意味で全て「行動問題予備群」といえます。

　行動支援において重要なことは、「問題行動をやめさせること」や「言うことをきかせること」ではありません。「子どもの適応的な行動を育てること」であり「子どもが自らの人生の舵を取れるようにすること」なのです。何を問題と捉え、何を目標に設定するのか、その検討は全て「幸せに生きる子どもの姿」に直結していなければなりません。

2019 年 4 月

大久保 賢一

目次

はじめに
何のためにその行動を変えるのか？……2
本書の使い方 ……………………………8

序章
行動を理解するための「ABC」…… 9
質問1：何度言ってもできない子をどうにかしたい！ ……………………… 10
質問2：なぜそうなっているのか？「理由を知る方法」を教えて！ ………… 12
質問3：「効果的な改善方法」を知りたい！ …………………………………… 14

そうだったのか！ サクラmemo ① … 16

第1章
望ましい行動を育てる3ステップ 17
質問1：ほめようと思っても、きちんとしてくれません ……………………… 18

育てるステップ1
スモールステップの目標設定

①シェイピング
成功体験を積み重ねて、新しい行動をつくる …………………… 19
(1)「ほめるところがない」のは「ハードルの高さ」が合っていないから …… 19
(2) 行動を形づくる「シェイピング」…… 20

質問2：必要な手順をなかなか覚えてくれません ……………………………… 22

②課題分析とチェイニング
行動を要素に細分化する「課題分析」… 23
(1) 課題分析して何がどこまでできているか確かめる ……………… 23
行動の各ステップを練習してつなぎ合わせる「チェイニング」…… 25
(1) 行動の連鎖をつくるための3つの方法 …………………………………… 25
(2) どの指導方法を選択すればよいのか？ ………………………………… 27

質問3：いつまでたっても大人の援助に頼ってしまいます ……………………… 28

育てるステップ2
自力でできるヒントの提供

③プロンプト
1人で行動できるようにするための計画的な手がかりの提供 ……………… 29
(1) プロンプトは「できるだけ弱く」が原則 …………………………………… 29
(2) プロンプトを徐々に抜いていく「フェイディング」…………………… 31
(3) プロンプトを与える2つの方法 …… 32
(4) プロンプトをフェイディングするためのポイントは「待つこと」と「記録すること」………………………………… 33

そうだったのか！ サクラmemo ② … 35

質問4：やるべきことはわかっていて、できるはずなのに、やろうとしません … 36

育てるステップ3
やりたくなるしかけづくり

④強化

望ましい行動を起こしやすくする ……… 37
　(1)「やる気」の要因は子どもの「外側」にある ……………………………………… 37
　(2)「やる気」がやってくるかどうかは行動の「後」次第 …………………………… 38
　(3) 行動を起こりやすくする「強化」と「強化子」……………………………………… 39

質問5：ほめてもあまりうれしそうにしません ……………………………………… 40

⑤強化子のアセスメント

子どもをやる気にさせる物や活動を探す ………………………… 41
　(1) 強化子の候補となるもの ………… 41
　(2) 強化子の探し方 ………………… 42
　(3) 言葉による称賛・承認のコツ …… 43
　(4) 子どもの行動や反応から強化子を予測する ………………………………… 43

質問6：待てなかったり、すぐ飽きてしまったりする子がいます ……………… 44

⑥トークンエコノミー

「待てない」と「飽きてしまう」を防ぐごほうび交換システム ……………… 45
　(1) 子どもと約束をする「行動契約」… 45
　(2) トークンエコノミーを実施する際のポイント ………………………………… 46
　(3) トークンエコノミーの利点 ……… 47

そうだったのか！ サクラmemo ③ … 48

第2章
問題となる行動を解決する3ステップ
…………………………………………… 49

質問1：落ち着きがなく授業中も立ち歩くので、困っています ………………… 50

解決するステップ1
問題の理由を探り出す

①機能的アセスメント

問題となる行動の機能をつかむ ……… 51
　(1) 問題となる行動を客観的に記述する ………………………………………… 51
　(2) 情報収集をどのように行うか？ … 52
　(3) 問題となる行動が起こりやすい状況を整理する ………………………… 53

質問2：乱暴な言動をやめさせるにはどうしたらよいですか？ ………………… 54

解決するステップ2
目標を設定する

②代替行動

適切な行動の習得を目標にして、問題となる行動と置き換える …………… 55
　(1) 問題となる行動と置き換わる適切な行動を教える …………………………… 55
　(2) 問題となる行動の結果からその機能

を知り、目標を設定する ……… 56
　　(3) 長期的な目標となる「望ましい行動」
　　　も考える ………………… 57

質問3：同じ活動や指導をしても、うまくいく
　　　ときと、いかないときがあります … 58

解決するステップ3
作戦を立てて実行に移す

③ 3つの方略

「予防」「行動を教える」「行動後の対応」の
3つの方略を立てる ……………… 59

予防（A. 先行事象に対する方略） …… 60
　　(1) 問題となる行動のきっかけを少なくする
　　　…………………………………… 60
　　(2) 適切な行動が起こりやすくなる状況
　　　をつくる ……………………… 61
　　(3) 間接的な要因を調整する ……… 62
●column なぜ「罰を与えること」や「無
視をすること」はうまくいかないのか … 63

行動を教える（B. 行動に対する方略） … 64
　　(1) 選択した代替行動が的確か「機能」
　　　から見直す …………………… 64
　　(2) コミュニケーションスキルを把握す
　　　る ……………………………… 64

行動後の対応（C. 結果事象に対する方略） … 66
　　(1) 子どもは問題となる行動か代替行動
　　　かを「選択」する ……………… 66
　　(2)「行動の選択」に影響を及ぼす要因
　　　は環境にある ………………… 67

質問4：確実に支援を進めるにはどうしたら
　　　よいでしょう ………………… 68

④ 行動支援計画

情報とアイディアを文書化し、状況に合
った計画にする ………………… 69
　　(1) 効果的な計画は機能的アセスメント
　　　から ………………………… 69
　　(2)「効果的であること」と「実行可能で
　　　あること」のバランスをとる ……… 73
　　(3) 実行可能性を左右するポイント …… 73
　　そうだったのか！サクラmemo ④ … 75

質問5：行動支援計画を見直すにはどうした
　　　らよいですか？ ……………… 76

⑤ 行動支援計画の評価と修正

記録データをもとに支援を
見直す ……………………………… 77
　　(1) 行動を記録し、データとして活用する
　　　…………………………………… 77
　　(2) データを視覚化し、比較する ……… 77
　　(3) 行動支援計画の修正のポイント … 78
●column なぜ行動支援が失敗するのか
　　　…………………………………… 80

第3章
行動支援の成果を広げて
定着させる ……………………… 81

質問1：学校でできるようになったことが家
　　　ではできません ……………… 82

6

広げる**ステップ 1**
ここでもできた！を増やす

①般化

成果の範囲を広げる ……………… 83
 (1) 般化する・般化しないとは ……… 84
 (2) 成果の「維持」には大人の行動の「維持」も必要 …………………………… 84
 (3) 般化場面の環境を設定・調整する
  ………………………………………… 85
 (4) 般化しやすい指導方法を検討する
  ………………………………………… 86

質問 2：複数の人たちで協力して行動支援を行うコツは？ ………………… 90

広げる**ステップ 2**
「チーム」で取り組む

②チームワークづくり

支援者の支援行動にも
ABC 分析を役立てる ……………… 91
 (1) 子どもに関わる人たちを「チーム」にする ……………………………………… 91
 (2) 正の強化で維持されるチームワークを目指す …………………………… 92
 (3) 誰を「チーム」のメンバーと捉えるか？
  ………………………………………… 92
 (4) 目標を設定する ………………… 93
 (5) 計画の実行と評価 ……………… 94
 そうだったのか！ サクラ memo ⑤ … 95

●column 問題解決に向けた「答えの導き出し方」がわかる ABA …………… 96

第 4 章
ステップ方法で
ケースを解決してみよう！ …………… 97

ABA で解決！ チャート ……………… 98

事例 1：おしゃべりをやめてくれないユキヒロさん
 キーワード ABC 分析 ……………… 100

事例 2：登校しづらくなってしまったチアキさん
 キーワード シェイピング ………… 108

事例 3：交流先の学級で係活動に取り組まないタクトさん
 キーワード 課題分析とチェイニング／トークンエコノミー ……………… 116

事例 4：モデルを示せばできるのに、示さなければできないタクトさん
 キーワード プロンプト …………… 126

事例 5：クラスメートとトラブルが絶えないシンヤさん
 キーワード 機能的アセスメント(要求)
  ………………………………………… 134

事例 6：不安なことからすぐに逃げてしまうヒカリさん
 キーワード 機能的アセスメント(逃避)
  ………………………………………… 140

事例 7：クラス全体が落ち着かなかった学級
 キーワード ABC 分析
  ………………………………………… 152

本書の使い方

こんにちは！　私、サクラは、小学校教員歴3年になります。これから、ケンイチ先生にレクチャーを受け、ABA（応用行動分析学）初心者のサクラが質問をしながら子どもの行動問題を解決する方法について学んでいきます。みなさんも一緒に考えてみてくださいね。

1章は、子どもの望ましい行動を生み出し、行動を積み重ね、自分でできるようにするステップを学んでいきます。ほめかたややる気の出させかたもわかりますよ。

2章は、問題となる行動があるときにどのようにすれば、それを解決できるかというステップを学んでいきます。確実な作戦が解決の近道です。

3章は、1章と2章の成果を広げていくもので、できることを増やし、定着させていくステップを学びます。チームでの取り組みかたもわかります。

4章は、ケンイチ先生といろいろな立場の教師によるケーススタディです。「ABAで解決！チャート」や1〜3章で学んだスキルを活用しながら実際に自分でケースを解いていきます。自分の学校やご家庭でも同じように取り組んでみてくださいね。

序章

行動を理解するための「ABC」

質問 1

何度言ってもできない子を どうにかしたい！

サクラ

うちのクラスのマサユキくんは、掃除ができないみたいで、「ちゃんと掃除してください」と言うと、イライラが爆発してしまいます。どうしたらよいでしょうか？

ヒント

サクラ先生は、「掃除ができない」と相談していますが、果たして本当にマサユキくんは掃除が「できない」のでしょうか？

この「掃除ができない」という問題は、マサユキくんの「掃除をするための能力」だけに着目しても解決できません。

例えば、マサユキくんはサクラ先生の「ちゃんと掃除をしてください」という音声による指示を理解できていない、あるいは指示を聞いていない可能性があります。この場合、「できるかできないか」（掃除を行うために必要な基礎的スキルを習得しているかどうか）という問題ではなく、「求められていることを理解できているかどうか」が問題となります。

あるいは、それまでマサユキくんはサクラ先生の指示を聞いて何かをしたとしても、全くほめてもらった経験がなく、それどころか細かく注意され何度もやり直しをさせられたという経験を積んでいたのかもしれません。このような経験をとおしてマサユキくんは、「サクラ先生の指示に従っても、ろくなことがない」と学習してしまったという可能性も考えられます。この場合、「やる気になるかどうか」という問題として検討する必要があります。

問題解決の第一歩として、「なぜか？」を考えよう

一見、同じような困った行動も子どもや状況によって、原因はさまざま。「この子のこの場合は、なんでかな？」と考えなくちゃ！

質問 2
なぜそうなっているのか？「理由を知る方法」を教えて！

サクラ

「行動の理由を考える」といっても理由はいろいろあって難しそう……。行動の理由について考えるためのコツがあれば教えてください。

ヒント

マサユキくんは「掃除ができない」と捉えるのではなく、「今は掃除をするという行動が起きていない状態」と考えてその理由をあげてみましょう。

A「やるべきことが何であるかを理解できていない」
B「もともとその行動をすることができていない」
C「（それまでの経験から）やる気になっていない」

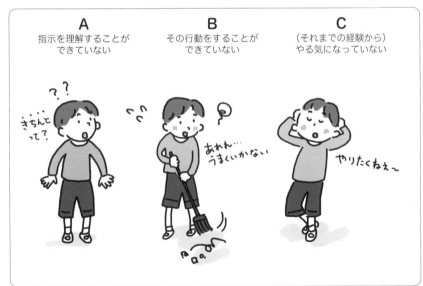

「行動が起きていない状態」の理由は、次のように考えます。
①子ども本人の能力だけでなく、周りの状況や周りの人たちがどのように関わり、その子が反応しているのかを考える。
②問題になっている「行動そのもの」、そしてその行動の「前」と「後」の3つに分けて考える。

このケースでは、掃除をする「前」にどんなきっかけや状況があるか、掃除をするという「行動そのもの」をどの程度うまく行うことができるのか、掃除をした「後」にどんな周囲の反応や状況があるかについて考えるということになります。

本書（ABA）では、行動の「前」をA（Antecedent）、「行動そのもの」をB（Behavior）、「後」をC（Consequence）」と表します。

こたえ ABCの3つに分けて整理すると、その行動ができていない理由がわかります

うまくいかない理由は大きく3つに分けることができて、子ども本人と周囲の状況から考えればいいのね！

だったらできそう

質問 3 「効果的な改善方法」を知りたい！

サクラ
うまくいかない理由について仮説を立てたあと、それをどのように実際の対応策に結びつければよいのか、知りたいです。

ヒント
12ページのA・B・Cで、「〜できていない」としたことを「〜できている」に置き換えてみましょう。
A「やるべきことが何であるか理解できている」
B「その行動をすることができている」
C「やる気になっている」

行動が成立するためのABC

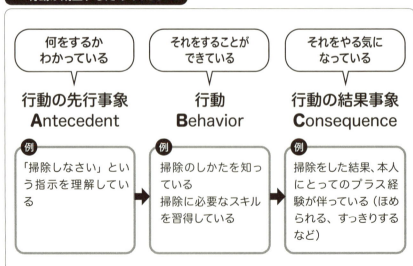

マサユキくんが「掃除ができている」状況を整理したものが、左ページの図です。これらの条件がすべてそろってはじめて「掃除をするという行動が起きる」（掃除をするという行動が成立する）のです。

　つまり、「〜できていない」状態についてではなく、「〜できている」状態について、このようにABCの3つで分析して整理することによって、ABCそれぞれに対する具体的な方略を検討することが可能になります。これを「ABC分析」といいます。

　例えば、マサユキくんには次のような解決策が考えられるでしょう。Aができるようになるためには、「指示を簡潔にすること」「視覚的にわかりやすい刺激を提示すること」「やるべきことがわかりやすい環境にすること」、Bができるようになるためには、「援助を系統的に行うこと」「目標をスモールステップにして練習すること」、Cができるようになるためには、「動機づけを高めること」。

　これらの中からマサユキくんができていないことで、今、できそうなことから優先順位をつけて取り組んでいきます。複数の問題が組み合わさっている場合には、それぞれに対応するアプローチを組み合わせることも必要です。

こたえ　できている姿に向けて、ABCそれぞれの理由に応じた方略を考えよう

できている姿から解決策を考えるなんて、とてもポジティブね。「ABC分析」ってキーワード、覚えておこうっと！

ねらいを定めてロックオン！

そうだったのか！ サクラmemo①

ポイント　「ABC分析」

「○○できない子」は、「今、できていないだけ」と捉えてみよう。そして、「○○できている」姿に近づけるには、今、どうしたらよいか、ABC（行動の「前」「行動そのもの」「後」）の３つに分けて整理してみよう。それにより効果的な解決策を考えることができる。

マサユキくんの場合は……

A
指示を理解することができていない

➡掃除する時間と場所を目で見てわかるように示す。写真とイラストのどちらにしよう？

B
やりかたを知らないスキルを身につけていない

➡具体的な手順を作ってみよう。はじめのうちは私がお手本を見せよう。

C
（それまでの経験から）やる気になっていない

➡前に「もっとこうしないとダメでしょ」とこまごま注意しすぎたのがいけなかった。今度はもっとほめるようにしよう！

第 **1** 章

望ましい行動を育てる3ステップ

質問1 ほめようと思っても、きちんとしてくれません

　子どもの望ましい行動をほめようと心がけています。でも、子どもがきちんと授業に参加してくれることがないので、ほめようと思っていても、その機会がありません。結局、逸脱行動を注意することになってしまい、このままではよくないなあと思っています。

「きちんと」の基準が高すぎるのかもしれません

　子どもをほめる際の最も重要なポイントは、「最初から完璧を求めない」ということです。「目標に近い行動」を見逃さずにほめましょう。

育てるステップ 1　スモールステップの目標設定
①シェイピング

成功体験を積み重ねて、新しい行動をつくる

　子どもの望ましい行動を増やすためには、その目標となる行動が起こりやすい状態になるよう、子どもや周りの状況を整え、その行動を称賛・承認するということが基本となります。しかし、その行動が「子どもが一度もやったことがない行動」である場合、「その最初の1回をどのようにして生じさせるのか？」という問題に直面することになります。

　また、すでに課題に取り組んではいても、「目標を達成したことが一度もない」という場合もあります。教師や保護者の方からの「ほめろと言われても、この子にはほめるところがないんです」という訴えもよく耳にします。

(1)「ほめるところがない」のは「ハードルの高さ」が合っていないから

　授業中に5分から10分しか着席できない子どもに対して「45分間座っていられたらほめましょう」という計画は、実際には意味がありません。目標ラインが高すぎてその実行の機会がないからです。

　しかし、「5分から10分しか着席できない」ということは、視

点を変えれば「5分から10分の間であれば着席できることもある」ということです。その時点で「できていること」あるいは「できそうなこと」に着目することはとても重要です。

したがって、まずこの子どもには「5分間着席して適切に参加できたら称賛・承認する」ということが必要であり、また、最初の目標ラインとして妥当であるのかもしれません（もちろん「なぜ離席してしまうのか？」ということに関するアセスメントを行っていることが前提です）。そして、「少なくとも5分は座って参加していられるようになる」という状態が安定してきた時点で、目標ラインを少しだけ上げます。このように、成功体験に基づきながら目標ラインを少しずつ上げる手順を繰り返すことによって、最終的なゴールへ近づけていきます。

（2）行動を形づくる「シェイピング」

このような手続きを、ABAにおいては「シェイピング」と呼んでいます。それまでそこに存在していなかった行動を少しずつ形づくる（shape）という意味です。一見ひどく遠回りをしているようですが、着実な一歩を丁寧に積み重ねていくことで、結果的にゴールに最も早く到達できるという場合も少なくありません（右図）。

シェイピングを行うために必要なのは、子どもの「できているところ」「できそうなところ」を見極めることに加え、「いつもより少しでもよくなっているところ」、または「いつもより少しだけマシなところ」を見逃さずに称賛・承認する支援者の視点です。

質問2 必要な手順をなかなか覚えてくれません

　道具の操作や筆算など、複数の手順が連なる課題をなかなか覚えてくれません。いつまで経っても援助がなければできませんし、最近では自分で難しいと判断したら指示待ちになる傾向が強くなっています。

手順を要素に分解して、それぞれ練習してみましょう

　複数の行動が連鎖する複雑な手順を覚えることは誰にとっても容易ではありません。「困難は分割せよ」という言葉どおり、一連の手順を一つひとつの「行動」に分けてみましょう。

育てるステップ 1　スモールステップの目標設定
②課題分析とチェイニング

行動を要素に細分化する「課題分析」

　望ましい行動（スキル）を教える際には、その一連の行動を細かなステップに分け、各ステップを練習して、つなぎ合わせる方法が有効です。

（1）課題分析して何がどこまでできているか確かめる

　私たちが子どものスキルを評価するとき、例えば「この子は1人で買い物ができる」「この子は1人では買い物ができない」などと、その行動全体の可否で評価しがちです。しかし、次のページの表で示すように、「スーパーで買い物をする」「電車で目的地まで移動する」などのスキルも、あるいは比較的単純に思える「靴下をはく」などのスキルも、実は具体的な行動の要素が連なることによって成立しています。したがって、これらのスキルは、各ステップにおける具体的な行動が、それぞれどの程度自力で遂行可能なのかを見ることによって評価する必要があります。

　「電車で目的地まで移動できない」と評価されている子どもには、多くの場合、「できているステップ」と「できていないステップ」があります。また、「電車で目的地まで移動できない」と同じ評価をされている子どもであっても、どのステップができてい

課題分析の例

スーパーで買い物をする	電車で目的地まで移動する	靴下をはく
①店まで移動する ②店に入る ③かごを取る ④商品のあるところまで移動する ⑤購入する商品をかごに入れる ⑥レジに並ぶ ⑦お金を支払う ⑧おつりとレシートをもらう ⑨商品を袋に入れる ⑩かごを片づける ⑪店を出る ⑫家に帰る	①駅まで移動する ②目的地までの切符を買う ③改札を通る ④ホームに移動する ⑤電車に乗る ⑥車内で適切に過ごす ⑦目的の駅で降りる ⑧改札を通る ⑨駅から出る	①靴下を手に取る ②靴下のかかとを下側にして、両手で「口」を広げる ③つま先を入れる ④かかとまで上げる ⑤最後まで上げる

て、どのステップができてないのか、そして各ステップにおいてどの程度の援助が必要なのかで、子どものスキルの実態は全く異なります。当然のことながら、実態が異なれば、行うべき対応の内容も変わってきます。

　特定のスキルにおける各ステップの遂行状況は、「誰が見ても、それができているかできていないか」が同じように評価できるよう、具体的で客観的に記述されていなければなりません。また、全体をどの程度細かなステップに分けるのかということは、子どもの実態によります。スキルの獲得が、子どもにとって難しそうであればあるほど、そのステップは細かく刻みます。

　このように、ある複雑な一連の行動を具体的なステップに分解することを「課題分析」といいます。課題分析を行うメリットは、子どもの特定のスキルに関する実態をより正確に評価できるようになること、そして、後述する「チェイニング」という指導方法を選択できるようになることです。

行動の各ステップを練習して つなぎ合わせる「チェイニング」

「チェイニング」は、行動の要素を鎖（chain）のようにつなぎ合わせるところにその名の由来があります。

前述のシェイピングとここで紹介するチェイニングは、ともに「スモールステップ」がキーワードですが、ステップを刻む次元が異なります。シェイピングは、「目標ラインをスモールステップにする」という手続きです。一方でチェイニングは、一連の「行程」をスモールステップにするという手続きです。

（1）行動の連鎖をつくるための3つの方法

ここでは、説明をわかりやすくするために、あえて「靴下をはく」という一見単純に思えるスキルの課題分析を例にして、3つのチェイニングの方法について解説します。

①順行チェイニング

まずは最初のステップだけを取り出し、それだけを繰り返し練習します。そして、最初のステップができるようになれば、次のステップを加え、今度は最初のステップと2番目のステップだけを繰り返し練習します。すなわち「靴下をはく」の課題分析を行って「❶→❶❷→❶❷❸→❶❷❸❹→❶❷❸❹❺」という段階を踏んで指導するのです。

②逆行チェイニング

まず最初に課題分析における最後のステップを取り出し、繰り返し練習します。そして、最後のステップができるようになれば、1つさかのぼって、最後から2番目のステップを加え、今度は最後から2番目のステップと最後のステップだけを繰り返し練習します。すなわち「❺→❹❺→❸❹❺→❷❸❹❺→❶❷❸❹❺」という段階を踏んで指導するのです。

③全課題提示法

全課題提示法においては、すべてのステップを最初から最後まで通して繰り返し練習します。すなわち「❶❷❸❹❺→❶❷❸❹❺→❶❷❸❹❺」と繰り返し指導します。

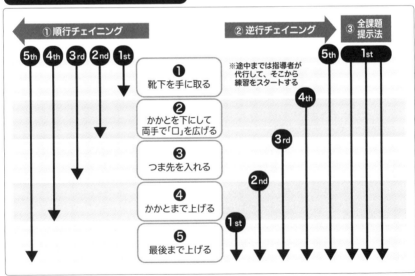

3つのタイプのチェイニング

（2）どの指導方法を選択すればよいのか？

　一般的に一連の行動がそれほど複雑ではなく、子どもがそのスキルをほぼ習得しかけている状態であれば、「全課題提示法」が最も早くそのスキルを習得できる方法かもしれません。しかし、そうでない場合は、「順行チェイニング」や「逆行チェイニング」を用いるほうが、指導がスムーズに進むことが多いようです。また、全課題提示法は、すべてのステップの流れの中で必要なステップに援助しなければならないので、指導者側に比較的高い指導スキルが求められます。

　順行チェイニングと逆行チェイニングが共に候補になる場合は、逆行チェイニングをお勧めしています。行動の完了部分からスタートするので、毎回の練習に自然な達成感が伴いやすいからです。また、途中の行程を代わりに行ってもらっているところを見ることによって、行程を学習できる子もいるはずです。

　しかし、行動連鎖の最後のあたりに子どもが苦手とするステップや子どもの不安を喚起させるステップがある場合は（例えば、トイレで用をたす練習で「最後の水を流す」というステップを怖がるなど）、順行チェイニングで前からの連鎖をつくり、その成功体験に裏づけられた「流れ」と「勢い」を利用して最後の部分にチャレンジするとよいでしょう。

質問3 いつまでたっても大人の援助に頼ってしまいます

　授業中の活動や係活動などで、指示待ちになってしまうことがよくあります。手伝えば素直に応じるのですが、手伝わないと自分から取り組もうとしません。

こたえ 子どもが自力でできるように計画的な手がかりを与えます

　何かができずに困っている子どもを援助するときには、ヒントや手がかりが必要でしょう。ただ、ヒントや手がかりには援助としての「強さの階層」があり、強い順に提供するか弱い順に提供するかを考えます。

育てるステップ 2　自力でできるヒントの提供
③ プロンプト

1人で行動できるようにするための計画的な手がかりの提供

　ABAにおいては、子どもが課題や活動などをうまく遂行できないときに提示するヒント、手がかり、援助を「プロンプト」と呼んでいます。「プロンプト(prompt)」には、「促す」「生じさせる」「思い出させる」という意味があります。

　例えば、買い物をする場面で商品をカゴに入れた後、次に何をすればよいのかわからない様子の子に対しては、次ページの図のようなプロンプトが考えられます。

　プロンプトには「言葉かけ」「指さし・視覚的な手がかり」「モデル」「身体的ガイダンス」など、複数の種類があります。

（1）プロンプトは「できるだけ弱く」が原則

　次ページの図には、プロンプトの種類と併せ、「強さの階層性」も示しています。「弱いプロンプト」とは、つまり指導者の援助が弱く控えめであり、子どもが自力で行う部分が大きくなるプロンプトのことです。逆に、「強いプロンプト」とは指導者の援助が強く、子どもが自力で行う部分が少なくなるプロンプトです。

　では、プロンプトは強いほうがよいのでしょうか。それとも弱いほうがよいのでしょうか。

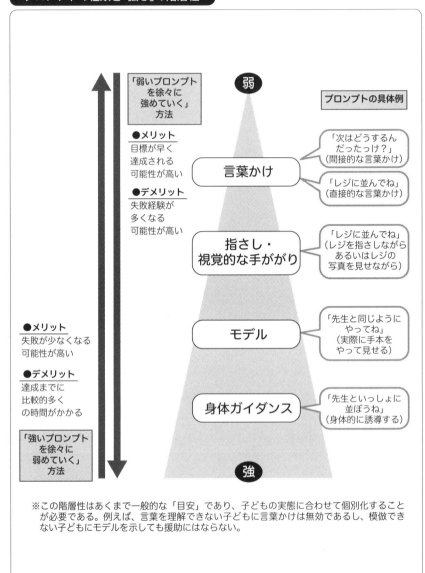

結論からいえば、プロンプトは「必要最低限で」が原則です。なぜなら、子どもに対してさまざまなスキルを身につけてもらうために行う指導は、多くの場合、プロンプトがなくても自発的・自律的に遂行されることが目指されるからです。

必要以上に強いプロンプトは、子どもの自発性を奪い、自律への過程を損なわせてしまう可能性があります。過剰な援助が、子どもに「自分でやらなくてもなんとかしてもらえる」ことを学習させてしまうからです。皮肉なことなのですが、教師が熱心に援助を行えば行うほど、子どもの中に「指示待ち傾向」や「周囲の人への依存傾向」をつくり出してしまうことがあるのです。

それならば「完全放任」がいいのかといえば、そうではありません。繰り返し失敗体験にさらされた子どもは「無力感」を学習し、やはり自発性が損なわれていってしまいます。プロンプトは強いよりも弱いほうがよいけれど、弱すぎてはいけないのです。

(2) プロンプトを徐々に抜いていく「フェイディング」

さらに重要な点は、この必要最低限のラインは「変動する」ということです。子どもが練習しているスキルに熟達していくにつれて、プロンプトはさらに弱めていかなければなりません。このプロンプトを徐々に抜いていく手続きを「フェイディング」(fading) といいます。フェイディングは、子どもの自立性や自発性を促進させる鍵となります。

次に紹介するような方法で段階的にプロンプトを強めたり、弱めたりしながら練習を繰り返させることで、最終的には、教師がプロンプトを出す前に、つまり子どもが自力でその行動を自発的に行うことにつながります。

(3) プロンプトを与える2つの方法

①弱いプロンプトを強めていく

　プロンプトを与える1つめの方法は、最も弱いと考えられるプロンプトから提示して、それでも子どもがうまく遂行できない場合に、少しだけプロンプトを強めるという方法です。それでもなおうまくいかない場合は、また少しだけプロンプトを強めます。

　例えば、前述の買い物の手順を習得するのに苦戦していた子どもには「間接的な言葉かけ」、つまり「次はどうするんだったっけ？」と声をかけることから始めます。そして、その子がその声かけに対して、どのように応じるかをしばらく観察します。レジに並べないようであれば、プロンプトの強さのレベルを1つあげて「直接的な言葉かけ」つまり「レジに並んでね」と声をかけます。それでもできなければ、指さしや視覚的な手がかりを加えます。そのようにして、その子が適切に行動できるまで段階的にプロンプトを強めていくのです。

②強いプロンプトを弱めていく

　2つめの方法は、最も強いと考えられるプロンプトから提示して、子どもが成功体験を積んでいくのに伴って、段階的に弱いプロンプトに移行していくという方法です。例えば、前述の買い物の事例においては、最初から身体ガイダンスをして、レジに並ばせるのです。

　あらかじめステップごとに達成基準を決めておき（「5回

連続成功したら次のステップへ進む」など）、その基準が達成されたら、次の練習から1つ弱いプロンプトで始めます。子どもが途中でつまずいた際には、そのときだけ強いプロンプトに戻ることになります。

この「強いプロンプトを徐々に弱めていく」という方法は、計画したプロンプトの全段階を順番に提示していくため、比較的時間はかかりますが、子どもが失敗を経験しにくいというメリットがあります。失敗経験に敏感な子どもに対しては、強いプロンプトを徐々に弱めていくとよいかもしれません。

たいていの場合、①の「弱いプロンプトを徐々に強めていく」方法がお勧めです。なぜなら、プロンプトの「必要最低限のライン」を早い段階で見つけることができ、いち早く子どもの自発的な行動を引き出す可能性を高めるからです。

（4）プロンプトをフェイディングするための　　ポイントは「待つこと」と「記録すること」

子どもが自力で行動するための十分な時間を確保した後に、プロンプトを行うことが重要です。指導者のプロンプトのタイミングが早すぎると、子どもが自分で考えて自分で行動するための十分な時間がなく、子どもが自分でどうするべきかを模索せずに、プロンプトに依存する可能性を高めることになります。

また、教師が子どもへの自らの関わり方を可能な限り客観視し、自分がどのレベルの強さのプロンプトを使っているのかを自覚していることが大切です。そのために、目標となる行動を課題分析し、系統的なプロンプトを計画し、さらにその結果を記録に残すことを強くお勧めします。

例えば、下の表の左側には、「電車の乗り降り」を課題分析した各ステップが記入されています。そして、ステップごとに「エリカさんには、どの程度のプロンプトが必要であったのか」について「自発」「言葉かけ＋指さし」「身体ガイダンス」という3種類の結果を示すマークで記録されています。このように指導結果を記入すれば、エリカさんがより弱いプロンプトで各ステップの課題をできるようになっていったという過程が具体的に把握できるのです。

　5回めの練習のあとに、「エリカさんは1人で電車の乗り降りができるようになったのか？」と問われれば、ステップ5がまだできていないため、「まだ1人ではできない」と答えることになるでしょう。しかし、1回めの練習のときと5回めとでは、同じ「できていない」でも状況が全く異なることがわかるでしょう。

　このような記録によって、以下のことが可能になります。

　①指導開始時における子どものスキルの実態を詳細に把握する。
　②指導をとおした子どもの成長過程を詳細に把握する。
　③次の段階の課題を具体的に絞り込む。

　例えば、エリカさんの場合は、「目的の駅で降りる」というステップが次の課題であることがわかります。

エリカさんに対する「電車の乗り降り」の指導結果

	電車の乗り降り	1回め	2回め	3回め	4回め	5回め
1	改札口を通過する	×	×	×	△	○
2	ホームに移動する	×	○	○	○	○
3	電車に乗る	△	○	○	○	○
4	電車の中で適切に過ごす	△	○	○	○	○
5	目的の駅で降りる	×	×	×	×	×
6	改札口を通過する	×	×	×	△	○

※「切符を買う」というステップは、福祉サービスを利用することによって省略することができた

○ →自分でできた　　△ →言葉かけや指さしでできた　　× →身体的な誘導が必要だった

〈行動を教えるには〉
◎シェイピング＝行動を形づくる

その子が今できているで最初の目標ラインを設定。
↓
目標ラインが安定してできるようになったら、少し上の目標ラインを設定。
↓成功体験を重ねる
これを繰り返してできるようにする。

私にもできそう！

◎課題分析

複数の行程が連なっている行動は、
　例えば、買い物する行動は「かごを取る」「商品のあるところまで行く」「商品をかごに入れる」……など。
各行程がどこまでできるかを分析する。
それらをつないでできるようにするのが**チェイニング**

　各行程を最初から練習するか、最後から練習するか、全行程を繰り返すかの方法がある。

↓　　　　　　↓　　　　　　↓

順行チェイニング　逆行チェイニング　全課題提示法
　　　　３つのどれにするか？

◎プロンプト＝手がかり、援助

弱い〜強いものがあり、「できるだけ弱く」が原則。
子どもの実態に合わせよう！

質問 4 やるべきことはわかっていて、できるはずなのに、やろうとしません

うちの学級に、やればできるはずなのに課題や活動をサボる子どもがいます。「やる気」を出してもらうためにどうすればいいのでしょうか？それとも「なまけ者」の性格は直りませんか？

「やる気」にさせるのも、「やる気」をなくすのも、行動した「後」次第です

「行動後にメリットが伴えばその行動は起こりやすくなる」「メリットがなかったり、デメリットが伴えばその行動は起こりにくくなる」という原則を理解しておくことが重要です。

> **育てる ステップ 3** やりたくなるしかけづくり
> ④強化

望ましい行動を起こしやすくする

(1)「やる気」の要因は子どもの「外側」にある

「今、あの子にはやる気がない」とか、「最近やる気が湧いてきた」などと言うことがあります。その前提になっているのは、人の「内側」に「やる気」というものがあったりなかったり、あるいは増えたり減ったりするというイメージなのではないでしょうか。

しかし、「やる気」というものには実体がありません。実体のない事柄を問題の原因にしたとき、その問題について説明できたような気分にはなれるのですが、多くの場合、解決のプロセスはそこで止まってしまうことになるのです。

子どもの「内側」にある要因は、多くの場合、教師の側から直接的にアプローチすることが不可能であり、変化させにくいものです。問題解決のコツは、問題の原因を検討する際に、子どもの「外側」にある人・物・できごとにも目を向け、さらにその中で、「変えられそうなところ」を見つけ出すことです。

「やる気」について検討する際は、本人と本人の「外側」にある要因との間で、どのような相互作用が積み重ねられてきたかということを重視します。

(2)「やる気」がやってくるかどうかは行動の「後」次第

　私たちは子どもに「やる気」になってもらうために、子どもを励ましてみたり、諭してみたり、説明したりするでしょう。これらはたいていの場合、子どもが行動する「前」に行われるものです。そのようなアプローチも行動に影響を与えますが、「やる気」について検討する際に特に大切なのは、「行動の後」です。つまり「〇〇をしたら□□という結果になった」という経験を指します。行動のABCにおけるBとCの関係性が重要なのです。

　例えば、ある子どもがお手伝いをした「後」で、周りの人たちがなんらかの反応を示したとします。もしその子どもが「翌日からもっと手伝ってくれるようになった」としたら、あるいはそれとは逆に「まったく手伝おうとしなくなった」としたら、それぞれ周囲の反応はどのようなものであったと考えられるでしょうか。前者では、例えば「子どもを称賛した」などといった子どもにとってポジティブでプラスの経験となる周囲の反応があったと想像できます。一方、後者では、例えば「手伝ったのに口うるさく注意された」「なんのリアクションもなかった」など、子どもにとってネガティブでマイナスになる経験となる周囲の反応があった、あるいは何の反応も得られなかったのだと想像できます。

　ある行動が将来起こりやすくなるのか、あるいは起こりにくくなるのかは、その行動の「後」に伴う結果に大きく影響されるということが、イメージできると思います。

(3) 行動を起こりやすくさせる「強化」と「強化子」

　行動を起こりやすくすることを「強化」、起こりやすくさせるものや活動のことを「強化子（きょうかし）」と言います。実際に強化子を提供してみて、その行動が増加するかどうかを確認しなければそれが強化子として有効かを判断することはできません。また、何が強化子となるかは子どもによってさまざまであり、強化子としての効果は、子どもの状況によっても変わります。

　しかし、何が強化子となるか、その候補についておおよその予想を行うことはできます。41ページから、強化子の把握のしかたについて説明します。

　なお、行動を起こりやすくさせる「強化」は、2つのタイプに分かれます。1つめのタイプは、「行動の後に、本人にとってプラスの状況が出現する。その結果、その行動が起こりやすくなる」というものです。ABAにおいては、このパターンを「正の強化」と呼んでいます。「強化」とは前述したとおり行動が起こりやすくなることや増加することを意味しており、「正の」は、ある状況が（この場合、本人にとって好ましい状況が）「出現する」ということを意味しています。

　2つめのタイプは「行動の後に、本人にとってマイナスの状況が消失する。その結果、行動が起こりやすくなる」というものです。このパターンを「負の強化」と呼び、「負の」は、ある状況が（この場合、本人にとって嫌悪的な状況が）「消失する」といっことを意味しています。

質問 5 ほめてもあまりうれしそうにしません

　子どもの望ましい行動を増やそうとして、その行動を大げさなくらいにほめています。でも、子どもはあまりうれしそうではなく、よい行動が増えるなどの効果も見られていないようです。「ほめること」は効果的ではないのでしょうか？

こたえ　ほめかたがその子どもに合っていないのかもしれません

　望ましい行動を増やすものの1つに、ほめることもありますが、何をどのようにほめられるのがうれしいかは人それぞれで、時と場合にもよります。ほめることにもコツがあるのです。

育てるステップ3 やりたくなるしかけづくり
⑤強化子のアセスメント

子どもをやる気にさせる物や活動を探す

子どもの望ましい行動を確実に増やすには、「強化子」をできるだけ正確に把握したいものです。そのためには強化子の種類を知り、個々の子どもの様子を観察することが必要です。

（1）強化子の候補となるもの

生まれつき強化子であるもの（無条件性強化子）と経験や学習によって強化子となったもの（条件性強化子）があります。

①無条件強化子

食べ物や飲み物は、それを摂取することが生きていくうえで欠かせないため、生得的に強化子になりやすいといえます。しかし学校場面など、それらを意図的に強化子として用いることが場面や文脈にそぐわないことがありますし、その効果は子どもの好みや生理的状態によっても変わります。

また、子どもによっては、視覚的なもの（映像、光のちらつきなど）、聴覚的なもの（音楽、効果音、特定のフレーズなど）、触覚的なもの（くすぐり、振動、何かにくるまるなど）など特定の感覚刺激が強化子となる場合もあります。

②条件性強化子

　経験や学習によって成立する強化子としては、例えば、他者からの注目や社会的な称賛・承認があります。これらは、さまざまな生得的強化子と結びつくことによって成立する強化子であると考えられます。しかし、言語理解に制限があったり、刺激に対する過敏性があったり、他者に関心が向きにくい子どもには、それらが強化子になりにくい場合もあります。

　また、さまざまな「楽しさ」やそれと結びついたシールやカードやおもちゃなどの「もの」が強化子となることもあります。ただし、何に「楽しさ」を感じるかには個人差があります。

　特定の「もの」や「刺激」ではなく、「特定の行動を行うこと」が強化子になるという考え方もあります。例えば、「おもちゃ」ではなく「おもちゃで遊ぶこと」がほかの特定の行動を強化すると考えるわけです。

（2）強化子の探し方

　強化子を探すための具体的な方法として、子ども本人や家族へのインタビューがあげられます。「何が好きですか？」「普段は何をして過ごすことが多いですか？」などと質問することによって強化子の候補をリスト化することもできます。

　ただし、子ども本人や家族から得られた情報が、必ずしも正確であるとは限らず、強化子にはならない場合もあるので注意が必要です。

（3）言葉による称賛・承認のコツ

　例えば、小学校高学年以上の子どもに対して、幼児に関わるように「すごいねー」「えらかったねー」とただコメントしていても、その子はほめられたとは思えず、そのコメントは強化子として機能しないかもしれません。このような場合、行動のどのような側面がどのように改善したのか、具体的にフィードバックすることが効果的かもしれません。

　称賛しても子どもが「こんなの全然すごくない」といったようなリアクションをする場合は、目標設定のラインが子ども本人のものとずれている可能性があります。子どもが設定している目標ラインを確認し、それを否定することなく、そこに至るまでのスモールステップを一緒に考えましょう。そしてそのステップが一つひとつ達成できたことを称賛するようにします。

（4）子どもの行動や反応から強化子を予測する

　自由に行動できる状況で自発的に多く取り組む行動は、それ以外の行動を強化しやすいことが知られています。そのため、日常場面を詳細に観察することで「強化子となる行動」を予測することができます。

　あるいは、系統的に強化子の候補となるものを提示して、子どもの様子を観察します。複数の対象から選択できる子どもに対しては、2つ以上の複数の選択肢を系統的に提示して、その選択率を評価することもできます。

質問 6 待てなかったり、すぐ飽きてしまったりする子がいます

　子どものやる気を促そうと、課題を終えるたびにシールをあげることにしました。最初は喜んでいましたが、すぐに飽きてしまいました。そこで、ごほうびを豪華にしてみたところ、今度はごほうびを待つことができず、課題をやめてしまいました。

こたえ そういったタイプの子にぴったりなごほうびの提供方法があります

　行動の直後にタイムリーに提供することができて、かつ子どもが飽きることなく貯めておけるごほうびの提供のしかたがあります。子どもが理解でき、納得する形で約束をするのがポイントです。

育てるステップ 3 やりたくなるしかけづくり
⑥トークンエコノミー

「待てない」と「飽きてしまう」を防ぐごほうび交換システム

　42ページで解説した、経験や学習によって成立する「条件性強化子」として、「トークン」が用いられる場合があります。

　「トークン」には「お金の代わりになるもの」(代理貨幣)という意味があります。そして、望ましい行動を強化するために標的行動に対してこのトークンを提供し、子どもが獲得したトークンと子どもにとって価値のある別の強化子とを交換できるようにする手続きを「トークンエコノミー」といいます。

　例えば、家庭学習において宿題を自発的に完了させるたびに子どもにシールを1枚提供し、10枚それがたまったらゲームを1回することができるといったようなルール設定が考えられます。

　なお、トークンと交換できる強化子のことを「バックアップ強化子」といいます。この場合、「シール」が「トークン」、10枚のシールと交換できる「ゲーム」が「バックアップ強化子」となります。

(1) 子どもと約束をする「行動契約」

　トークンエコノミーを実施するためには、子どもに、次の3つのことを理解してもらう必要があります。

①トークンの対象となる標的行動（何をどれだけやればよいのか）
②トークンと交換できる強化子（バックアップ強化子）
③トークンとバックアップ強化子の交換のタイミング

　トークンエコノミーは個別的に実施されることが多いですが、学校場面など集団を対象としても用いることが可能です。子どもの年齢や言語理解のレベルを考慮に入れて、子どもにわかりやすいような方法で「約束」（行動契約）をしましょう。

(2) トークンエコノミーを実施する際のポイント

　トークンは、例えばシールやコインやカードなど、子どもにとってわかりやすく、大人にとって管理しやすいものであれば何であってもかまいません。ただし、子どもにとって安全であり、ある程度の耐久性があり、できるだけなくしにくいものを選びましょう。紙に書かれたマス目に単に丸を記入していくだけでもトークンとして機能しますが、子どもの興味関心を引きつけるように工夫されたものがより望ましいといえます。

　重要なポイントの1つは、標的行動とトークンとバックアップ強化子のバランスです。導入時は、比較的難度を下げて頻繁にバックアップ強化子が手に入るようなバランスで始めましょう。子どもがそのシステムに慣れてくるにつれて、少しずつ求める標的行動の難度や量を調整しましょう。また将来的には、子どもが自分自身で目標設定を行い、自らの行動を記録し、バックアップ強化子を励みにして独力で自らの行動を管理して課題に取り組むというセルフ・モニタリングに移行することも可能です。

(3) トークンエコノミーの利点

　トークンエコノミーには、飲食物や感覚刺激などの無条件性強化子を直接的に用いるよりも飽きにくいという利点があります。したがって、出し惜しみすることなく標的行動を強化するためにその行動が起きるたびに適切なタイミングで提供することができます。

　トークンは基本的に子どもとの「約束」に基づいて提供することになるため、教師側が強化の機会を逸する（ほめ忘れる）ことを防ぐことにもつながります。その意味では、トークンエコノミーは「教師の行動」に影響を与え、その結果として子どもとの相互作用をポジティブに変える方法であるとも言えるでしょう。

　また、トークンエコノミーの手続きの中には、行動を記録することが含まれるため、結果的に評価と修正を行うためのデータを収集することにもなります。さらに、複数の関係者でトークンエコノミーに関する手続きや記録を共有することにより、効果的な連携を促すことにもつながります。

◎行動を増やすには、行動の後が大事

 称賛・承認、お楽しみ、やりがい
→ その行動が起こりやすくなる

強化＝行動の後に本人にとってのプラスの経験が伴い、行動が起きやすくなること

強化子＝行動の後に伴わせることによってその行動を増やすものや活動

強化子アセスメント＝子どもの強化子が何かを探すこと

子どもによって強化子が異なるので、それぞれに強化子アセスメントが必要。

→ インタビューなどで好きな物や活動を聞く
→ 子どもの行動や反応を観察する

◎状況に応じて、トークンの活用も検討

 お金の代わりになるものという意味
シールやコインなど

トークンエコノミー＝トークンを強化子と交換できる手続き。
ごほうびを待てない子にも対応できる。飽きてしまうこともない。

子どもがやる気にならない場合、「行動の後」を中心に私たちの関わりかたを振り返る必要があるのね。

第 **2** 章

問題となる行動を解決する3ステップ

質問1 落ち着きがなく授業中も立ち歩くので、困っています

　授業中に勝手に離席することがずっと続いていて、周りの子どもにも影響が出始めています。注意すると、そのときは反省したそぶりを見せるのですが、またすぐに離席してしまいます。これまでに何度も注意してきましたし、これ以上きつく叱責するのもよくないような気がしていて、途方に暮れています。

こたえ　問題となる行動にはそれが起こる理由があるので、理由を明らかにします

　問題を解決するため最初に行うべきことは、問題となる行動の理由が何であるかを具体的に明らかにすることです。その理由を知るために、さまざまな情報を適切に収集して整理しましょう。

解決する ステップ1 問題の理由を探り出す
①機能的アセスメント

問題となる行動の機能をつかむ

　問題となる行動には、子どもがその行動を起こす理由があります。見方を変えると、問題となる行動は子どもにとってなんらかの「機能」を果たしていると考えられます。その「機能」を知るために、行動の「前」「行動そのもの」「後」に分けて情報を集め、整理するプロセスを「機能的アセスメント」と呼びます。

　「機能的アセスメント」とは、問題となる行動の「機能」を明らかにして、その問題に取り組むことに特化したABC分析であるといえます。

（1）問題となる行動を客観的に記述する

　最初にするべきことは、問題となる行動がどのような行動であるかを明確に定義することです。例えば、「落ち着きがない」という記述は、曖昧(あいまい)で客観性に欠けます。それは、観察する人によって異なった基準で捉えられる状態像であるからです。ある人が「衝動的である」と評価する状況を別の人は「活発である」と評価するかもしれません。

　行動支援には、複数の教師、そして保護者との連携に基づいたチームで取り組む必要があります。ある状況をバラバラに認識

し、実態把握や支援の成果を評価する際に齟齬が生じるようでは、連携の根幹が揺らぐことにもなりかねません。

　そこで、例えば、「落ち着きがない」ということを「授業中の離席」と言い換えればかなり客観性が増します。複数人で観察しても、「今そこでその標的とされる行動が起こっているのかどうか」について共通の認識をもちやすくなるでしょう。観察をする中で「離席」をさらに細かく定義する必要があれば、例えば「5秒以上の離席」「許可を得ない離席」「『落とした物を拾うための離席』を除いた離席」などといったように、ケースに応じてさらに詳細に定義をすればよいでしょう。

(2) 情報収集をどのように行うか？

　情報収集の手段には、大きく分けて「インタビュー」と「観察」の2つの方法があります。

　例えば、学校外の専門家が学校を訪問してコンサルテーションを行う場合など、まずは子どもをよく知る人（担任や保護者など）にインタビューすることから調査を始めることになるかもしれません。可能であれば直接子どもを観察することを計画し、インタビューから得られた情報を裏づけるようにしましょう。

　日常的に子どもと関わる人がそれを行う場合、まずは普段自分が観察している状況を整理します。そして、必要に応じて子どもをよく知るほかの人と話し合い、自分が整理してまとめた情報に不足がないかどうか、ほかの人の認識との間に齟齬がないかどうかを確認します。

（3）問題となる行動が起こりやすい状況を整理する

　問題となる行動を減らすには、まず、その行動が起こりやすい状況を ABC それぞれに対して調べなくてはなりません。下の表に示したように具体的な情報を集めましょう。

　さらに、「問題となる行動が起こりにくい」状況についても整理しておくと、支援計画を立てる際に役立ちます。

機能的アセスメントにおいて収集する情報の例

行動の 先行事象に 関する情報 （A）	・時間帯 ・場所 ・一緒にいる人 ・その場にいる人の数 ・活動の内容 ・特定の関わり方や言葉かけ ・服薬の状況 ・医学的問題（アレルギー、喘息、そのほかの体調不良や不快感） ・空腹感 ・睡眠の状態 ・周囲からの注目の度合い ・特定の物が手に入らない状況（手に入る状況） ・特定の活動がやりたくてもできない状況（できる状況）
行動に 関する情報 （B）	・行動の明確で具体的な定義 ・行動の頻度 ・行動の持続時間 ・行動の周囲への影響
行動の 結果事象に 関する情報 （C）	・注目を得る、あるいはそれから逃れる（正の強化・負の強化） ・物や活動を得たり、できたりする。あるいはそれから逃れる（正の強化・負の強化） ・特定の感覚的な刺激を得る、あるいは遮断する
その他	・コミュニケーションスキルの実態 ・子どもの好みの物や活動 ・これまでに試みられてきた方法とその成果（成功例・失敗例）

質問 2 乱暴な言動をやめさせるにはどうしたらよいですか？

気に入らないことがあると、すぐにカッとして物に当たったり怒鳴ったりする子がいます。どうにかしてやめさせたいです。

困った行動をやめさせるのではなく、適切な行動を教えるようにします

問題となる行動を示す子は、そうしなくて済む方法を知らない場合が多いのです。その行動と置き換えられる適切な行動があり、そちらのほうが自分にとっても周囲の人にとってもよいと、経験的に理解できるようにしましょう。

解決する ステップ2 目標を設定する ②代替行動

適切な行動の習得を目標にして、問題となる行動と置き換える

　より適切な「代替行動」によって子どもが不足や困難を解消できるようになれば、問題となる行動を起こす必要がなくなります。

(1) 問題となる行動と置き換わる適切な行動を教える

　問題となる行動が一定期間繰り返されているということは、その行動は子ども本人にとってなんらかの目的（機能）を果たし、その行動に伴う結果事象によってその行動がまた起きやすくなっていると考えることができます。

　例えば、友だちと同じ物が欲しいときに友だちをたたくという行動によって、その目的を果たしたという結果を得ると、次に同じような状況になったときにまた暴力をふるうという行動が起きやすくなってしまいます。

　問題となる行動を頻繁に示す子どもは、これらの「目的」を果たすための別のやり方を知らない場合が多いのです。そのような場合には、別の適切な方法によって、その目的を果たすことができるということを教えてあげることが必要です。

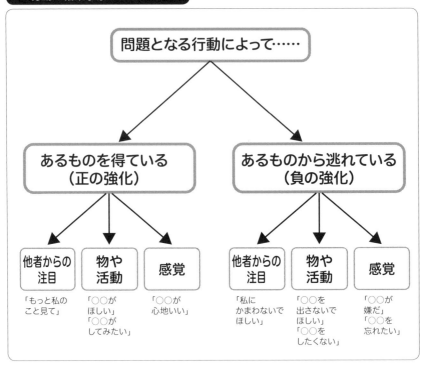

(2) 問題となる行動の結果からその機能を知り、目標を設定する

　問題となる行動によって何かを得ること（正の強化）、あるいは、何かから逃れること（負の強化）に成功しているために、子どもはその行動を繰り返しています。

　上の図のように、正の強化と負の強化それぞれにおいて「他者からの注目」「物や活動」「感覚」が関係していると考えられています。

重要なことは、そのように問題となっている行動をとおして「子どもが伝えたかったメッセージ」について考えることです。
　そして、子どもたちが問題となる行動によって果たしていた目的を、適切な行動によって果たすことができれば、その問題となる行動を起こす必要がなくなるのです。

(3) 長期的な目標となる「望ましい行動」も考える

　問題となる行動と同じ機能をもつ適切な代替行動を習得することは、子どもにとって必要です。しかし、代替行動は、「問題となっている状況を切り抜けるための『一時しのぎ』のスキル」として位置づけるべきです。
　例えば、問題となる行動によって特定の課題や活動から逃避している子どもが、適切に休憩を要求できるようになれば、問題は大きく軽減されます。しかし、ずっと休憩ばかりしていては、子どもの経験の幅が広がりません。結果として、子どもが授業や活動をとおして新しいことを学ぶ機会を逸してしまうでしょう。
　問題となる行動の減少は必要なことではありますが、最終的なゴールではありません。代替行動は短期目標と考えて、行動支援の長期目標として、子どもが課題や活動に取り組み、さまざまなこと新たに学べるような状況をつくり出すことを併せて検討することが重要です。

質問 3 同じ活動や指導をしても、うまくいくときと、いかないときがあります

　今日は子どもに活動に参加しないと拒否をされてしまいました。前にうまくいった方法だったので、それでよいと考えていたのですが、うまくいかなくなりとまどっています。活動内容や指導方法の何が悪かったのか、どう変えていけばよいのかなど、見直す方法はありますか？

問題となる行動を減らす3つの視点で支援を見直してみましょう

　問題となる行動の目的や理由に応じて、包括的に方略を立てます。キーワードは、「予防」「行動を教える」「行動後の対応」です。

解決する ステップ3 作戦を立てて実行に移す
③3つの方略

「予防」「行動を教える」「行動後の対応」の3つの方略を立てる

問題となる行動を解決するための方略は、「機能的アセスメント」に基づき、行動のABCそれぞれに対する「予防」「行動の指導」「行動後の対応」の3つで構成されます。55ページで解説した「代替行動」は、Bに対する方略となります。代替行動が問題となる行動と確実に置き換わり問題の解決につながるようにABC3つの方略を立てることが必要です。

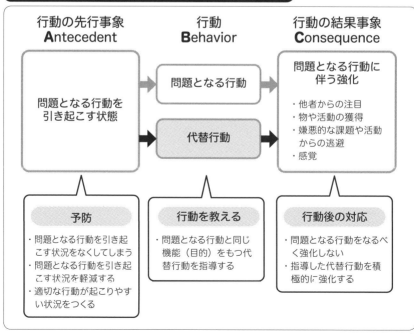

機能的アセスメントに基づいた方略の立案

予防(A. 先行事象に対する方略)

(1) 問題となる行動のきっかけを少なくする

　問題となる行動のきっかけとは、「その状況・条件があればほぼ確実にその問題が起こる」と予測できる直接的な引き金となる事象のことを指します。例えば、一定数以上の人数がいる集団場面、嫌いな食べ物、苦手な活動、特定の指示や言葉かけ、決まってトラブルの相手となるクラスメートとの関わりなどが考えられるでしょう。

　問題となる行動のきっかけが明確ではあるものの、それを撤去することが適切でない場合には、そのきっかけに触れる時間、量や程度などを調整することが、問題となる行動の低減につながる場合があります。しかし、問題となる行動を起こさせないように「きっかけを完全に取り除く」という方略を取ろうとして、例えば、学校教育において子どもに課題に取り組む機会や他者と関わる機会を全く与えないという方針を立てることは、長期的な方針としては明らかに不適切です。行動支援の最終的なゴールは、問題となる行動をなくすことではなく、子どもたちの経験の幅を広げ、学びを促進し、人生の質を高めることです。問題の予防を重視するあまり、教育機会や生活・活動の範囲を限定するべきではありません。

　ただし、問題の予防が優先されると判断できる場合には、思い切った環境設定や柔軟なルーティンの変更も視野に入れるべきです。いったんは完全に撤去してしまっても、子どもの達成度や改善の推移に基づき、段階的にそれに触れる時間、量、程度などを増やしていくという選択肢もあります。

（2）適切な行動が起こりやすくなる状況をつくる

　問題となる行動は適切な行動と同時には起こりにくいものです。したがって、適切な行動が起こりやすい状況をつくることは、結果として問題となる行動の予防につながります。適切な行動が起こりやすい状況をつくるための方略としては、例えば、スケジュールを明確にし、いつ、どこで、何を、どれくらいやればよいのかを具体的に示すことなどがあげられます。

　その際、音声のみの指示では理解が十分でない子どもに対しては、視覚的な提示も合わせて行います。音声による指示などの聴覚的な情報は、すぐに消えてなくなってしまいますが、視覚的な情報は、消さない限りそこに残り続けるため、子どもが内容を記憶する必要がなく、必要なときにそのつど情報を参照することができるからです。

　また、活動におけるさまざまなポイントで子どもが自己選択を行う機会を取り入れることが、子どもの活動への取り組みを促し、問題を予防することが知られています。自己選択の例としては、活動の内容、活動の順番、活動で使う教材や道具、活動を終えた後の「お楽しみ」などを子どもに選んでもらうことなどが考えられます。

　問題となる行動が起こりやすいと予測される活動の直前に、適切な行動について再度教示を行い、子どもに思い出させることも予防につながるでしょう。また、活動中に、問題となる行動の前兆が見え始めたタイミングで、リマインダーを提示したり、選択肢（例えば「まだ活動を続ける？　それとも休憩する？」など）を提示することが効果的な場合もあります。

(3) 間接的な要因を調整する

　問題となる行動は、同じきっかけが与えられても、いつも同じように起こるわけではありません。例えば、子どもにある課題に取り組むよう促したとき、いやいやながらも取り組んでくれたという日があったとしても、別のある日には、その指示が問題となる行動を引き起こすことがあるかもしれません。原因を調べてみると、強く拒否を示した日は体調を崩していたということかもしれません。この場合、この体調不良は、「問題となる行動の起こりやすさ」に影響する間接的な要因であったと考えられます。

　このような間接的な要因には、次のようなものがあります。

　①生理的要因：睡眠不足、病気、空腹、のどの渇き、皮膚のかゆみ、疲労、服薬の影響、月経など

　②物理的要因：温度、湿度、騒がしさ、その場所の広さなど

　③人的・社会的要因：それ以前に誰かとのトラブル、それ以前にしたいことができなかった、周囲からの注目の度合い、スケジュールの内容・過密度、特定の人物の存在など

　これらの要因が問題となる行動に影響していることが明らかになれば、適切な医学的治療を行うこと、あるいは物理的な環境整備を検討することによって問題を予防、軽減させることが可能です。

　また、例えば、「今朝、母親からきつくしかられて不安定になっている」ことを登校前に聞いておくなど、これらの要因に関する状況がリアルタイムで把握できていれば、子どもの状態に応じて目標ラインを調整するなどの配慮を行うこともできます。

column

なぜ「罰を与えること」や「無視をすること」はうまくいかないのか

　「行動が起こりにくくなる」結果事象のパターンは、行動の後に本人にとってマイナスの状況が出現する「正の弱化（罰）」、本人にとってプラスの状況が消失する「負の弱化（罰）」、状況が変わらず本人にとってプラスの経験が伴わない「消去」の3パターンがある。

　弱化手続きの「効果」は、「行動を即時的に減少させる」というところにある。しかし、ここで注意しなければならないのは、弱化手続きは、行動を抑制はするが、弱化手続きそれ自体には子どもに新たなスキルを学習させる効果はないということである。

　さらに弱化手続きには、いくつもの副作用があることが知られている。例えば、子どもが「弱化手続きに慣れてしまう」「見つからないようにやるということを学習してしまう」「罰を与える人を避けるようになる」「無気力で臆病になる」「弱化手続きを用いる大人をモデルにしてしまう」などの問題点がある。また、「弱化手続きはそれを用いる人を強化しやすい」ということを気をつけるべきである。もし1回の対応によって即時的に子どもの問題となる行動を抑制できれば、それは大人にとっては「魅力的」なのである。

　大人の側が、子どもが問題となる行動を起こしても子どもの要求をとおさないように、あるいは子どもを逃がさないように対応することもあるだろう。この「強化しない」という対応を、ABAにおいては「消去」と呼んでいる。重要な行動の原理であるが、消去された行動はいったんエスカレートする。もし、子どもの問題となる行動がエスカレートしてしまった段階で大人が折れてしまえば、子どもの「エスカレートした問題となる行動」が強化されることになり、皮肉なことに、大人の「頑張り」に反して、子どもの問題となる行動は強まっていくことになる。

行動を教える（B. 行動に対する方略）

（1）選択した代替行動が的確か「機能」から見直す

56ページで解説したように、機能的アセスメントにおいて、その問題となる行動の機能が「他者からの注目」「物や活動」「感覚」を得ようとするものなのか、それとも逃れようとするものなのかがわかれば、同じ機能をもった適切な行動（代替行動）を目標として設定することができます。

留意したいのは、この「機能」が同じでなければ、新しく教えた行動が、問題となる行動の代わりに用いられることはないということです。「何のためにしているのか？」という行動の機能を理解することが、指導すべき代替行動を選んだり見直したりする際には不可欠です。

（2）コミュニケーションスキルを把握する

問題となる行動の機能のうち、「感覚」の機能を除いた「他者からの注目」と「物や活動」が関連するものは、「コミュニケーション」の意味をもつものともいえます。したがって、「機能」が同じものを見つけたら、その手段を選ぶために、子どものコミュニケーションスキルの実態を把握しておくことが必要となります。

コミュニケーションの方法は音声言語だけではありません。サインであれ、絵カードであれ、それらを用いてある文脈において自分の意思を伝えられるようになれば、そのコミュニケーション行動が問題となる行動と置き換わる可能性が生まれます。

第2章 問題となる行動を解決する3ステップ

機能と手段（型）の両方を下の表でチェックしてみましょう。

コミュニケーションスキルの評価の例

コミュニケーションの機能 \ コミュニケーションの型	相手に接近する	表情や視線	質問されてYes/Noの意思を示す	相手を引っ張る	指さし	サイン	写真・絵カード	発声	発語（単語）	発語（文）
適切に他者の注意を引く	◯	◯	/	◯	◯	×	×	×	×	×
適切に物や活動を要求する	◯	◯	◯	◯	◯	◯	×	◯	×	×
適切に援助を要求する	×	×	×	×	×	×	×	×	×	×
適切に休憩を要求する	×	×	◯	×	×	×	×	×	×	×
適切に体調不良や痛みを訴える	×	×	×	×	×	×	×	×	×	×

※「型」と「機能」がクロスしている箇所に子どものスキルの実態を書き込む。例として、図では「できている」を◯、「まだできていない」を×、「評価不能」を／として記入している。この情報をもとに、どの「型」を新たに教える必要があるのか、どの「機能」を保障していく必要があるのかなどについて検討を行う

　問題となる行動が果たしている機能（目的）それ自体は「問題」ではありません。誰にとっても他者からの注意を引いたり、要求の意思を伝えたり、拒否の意思を伝えたりするためのコミュニケーションは大切なものです。

　問題はそのコミュニケーションの「やり方」なのであって、それらのコミュニケーションは必ずなんらかの形で確実に子どもに保障されるべきなのです。

行動後の対応(C. 結果事象に対する方略)

問題となる行動を解決するには、代替行動をスキルとして身につけてもらうだけでなく、子どもが問題となる行動よりも代替行動を選ぶようになるための条件を検討する必要があります。

(1) 子どもは問題となる行動か代替行動かを「選択」する

「行動の選択」には、以前にそれを行ったときの結果事象が影響を及ぼします。その主な要因は、3つあります。

①強化の確実性

子どもは、より確実に強化される行動を選択する傾向にあります。例えば、課題から逃避する「教材を壊す」という行動を示す子どもがいるとします。この子どもが代替行動として「休憩を要求するためのコミュニケーション」のスキルを身につけたとしても、子どもが実行したときに確実に休憩できるよう対応しないと、子どもは、「適切に休憩を要求するより、問題となる行動を起こすほうがより確実に休憩できる」と学んでしまいます。そうなれば、そのスキルが用いられることはなくなり、結果的に問題となる行動は減少しません。

②強化の量や質

子どもは、よりたくさんの強化子、あるいは質の高い強化子が得られる行動を選択する傾向にあります。例えば、子ど

もが教材を壊した際に、「子どもの気持ちを落ち着かせること」を理由に、30分程度休憩させ、子どもが好きな活動に取り組むことを許可していたとします。一方で、適切に休憩を要求した際には1分しか休憩できないのであれば、子どもが代替行動を選択する可能性は低くなっていきます。

③強化の即時性（強化されるまでの時間、早さ）..........

子どもは、より即時的に強化される行動を選択する傾向にあります。例えば、子どもが問題となる行動を起こすことなく、適切に休憩を要求した際に、「今日は調子がいいからもう少し課題に取り組めるはず」などと判断して休憩を先延ばしにすると、代替行動を選択する可能性は低くなります。

(2)「行動の選択」に影響を及ぼす要因は環境にある

問題となる行動と同じ機能を果たす代替行動を指導した後は、このように代替行動がより選択されやすくなるような結果事象を伴わせるアプローチが必要となります。まとめると、代替行動を「より確実に、より大きく、より早く強化するよう計画する」ことが大切であるといえます。

代替行動がうまく問題となる行動と置き換わらないときに、例えば「障害が重いから難しいのだ」あるいは「自閉症スペクトラムの特性があるからその行動に固執しているのだ」などと説明されることがあります。しかし、これらの「行動の選択」に影響する要因は、子どもの内側ではなく、具体的に変更することが可能な環境の側にあるのです。そう捉えることによってはじめて、具体的な対応策を検討することが可能になります。

質問 4 確実に支援を進めるにはどうしたらよいでしょう

　問題となる行動を解決するために支援計画を立ててはみたものの、計画どおりに実行できないことがしばしばあります。また、複数の支援者で支援に取り組む際には、支援計画の内容に対する理解度に差があり、対応が一貫しないことがあります。

こたえ 実行可能な「行動支援計画」を立ててみましょう

　計画どおりに実行できないということは、当たり前に起こり得ることです。「支援計画を実行しやすいものにすること」、そして「チームで取り組むこと」を検討しましょう。

解決するステップ 3 作戦を立てて実行に移す

④行動支援計画

情報とアイディアを文書化し、状況に合った計画にする

　子どもの問題となる行動に関して集めた情報は、頭の中だけに留めておくのではなく、必ず支援計画として文書化しましょう。文書化することによって、複数の教師や教育機関、支援機関で方針を共有することが可能になり、計画の実行可能性を高めることにつながります。

(1) 効果的な計画は機能的アセスメントから

　行動支援計画を実態に合ったものにするには、機能的アセスメントが適切に行われ、その結果と行動の原理に基づいている計画が立てられていることが必要です。行動支援計画を文書化するための様式例を次のページにまとめておきます。機能的アセスメントに基づき、支援計画を作成する際に役立ててください。

行動支援計画の様式例

Antecedent

行動の起こりやすさに影響する間接的な要因
- 物理的要因
- 生理的要因
- 人的・社会的要因

→

行動のきっかけ
問題となる行動の直接的な引き金となる活動、課題、場面、指示、人

→

間接的な要因に関する方略
- 問題となる行動に影響する要因を軽減するための調整
- 望ましい行動が起こりやすくなるような状況設定
- 子どもの状態に応じた目標設定

行動のきっかけに関する方略
- 問題となる行動の引き金になるきっかけを完全に取り除く
- （完全に取り除くことが適切でない場合は）問題となる行動の引き金になるきっかけを軽減させる
- 適切な行動が起こりやすくなる手がかり、声かけ、課題の工夫

第2章 問題となる行動を解決する3ステップ

Behavior

望ましい行動

「参加機会の増大」「新たな学習」「選択肢の拡大」につながる行動

問題となる行動

観察可能、記録可能な形で客観的、具体的に記述

代替行動

・問題となる行動と同じ機能
・具体的な「方法」や「形」は子どものスキルに合わせる

Consequence

結果事象

・やりがい
・周囲からの称賛・承認
・ごほうび

結果事象

・問題となる行動によって得ているもの・こと（負の強化）
・問題となる行動によって逃れているもの・こと（負の強化）

行動を指導するための方略

・短期的な目標として、問題となる行動の代替行動を設定する
・長期的な目標として、「望ましい行動」を設定する
・シェイピング、課題分析、プロンプトとフェイディング
・子どものスキル不足を補うためのツールの使用を検討する

結果事象に関する方略

・問題となる行動より代替行動を強化する（より確実に、より大きく、より早く）
・問題となる行動をなるべく強化しない
・長期的な目標である望ましい行動を強化する

「実行可能性」と「技術的基準」のバランス

この基準が
満たされていないと
計画は実行されない

この基準が
満たされていないと
計画が実行されても効果がない

計画は実行可能か？
※時間、場所、設備、費用、教師の態度・信念・スキルに配慮されているか？

計画は効果的か？
※子どもの実態に合っているかどうか？
※「行動の原理」に合っているかどうか？

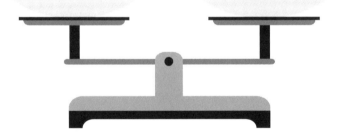

行動支援を成功させるためには、
「効果的」かつ「実行可能」な計画を立案することが必要

(2)「効果的であること」と「実行可能であること」のバランスをとる

　実際に問題を解決するためには、行動支援計画が効果的であるだけではなく、現場において実行されなければ「絵に描いた餅」になってしまいます。

　左ページの図のように行動支援計画の「実行可能性」には十分配慮し、一方では計画が効果的であるための要素を残さなくてはなりません。この両者のバランスをとることが重要です。

(3) 実行可能性を左右するポイント

　計画の実行可能性を左右するポイントは次の5つです。

①教師の「時間」

　通常、教師には対象となる子どもに対する行動支援計画を実行すること以外に多くの役割があるので、それらの役割が多忙になれば、当然のことながら行動支援計画の実施はおろそかになってしまう可能性が高まります。「時間」の問題に対しては、後述する「チームにおける役割分担」を再検討するか、方略を可能な限り簡便なものにすることが解決策となります。

②「場所」や「設備」

　例えば、行動支援計画に「落ち着いた場所でスケジュールを確認する」「興奮してきたら落ち着いた場所でクールダウンする」といった方略が含まれていたとしても、そのようにセッティングすることが物理的に困難であるかもしれません。既存の条件下で

実行できる方略を計画することが基本ですが、ちょっとしたレイアウトやルーティンの工夫で改善できるかもしれません。

　また、必要性が高く、かつ実現できそうな場合は、場所を新しく用意したり必要な設備を調達したりすることも検討します。

③「費用」

　上記②に関連して費用に関する問題もあります。場所や設備のような大枠に関するものだけでなく、例えば、行動支援計画を実行するうえで必要な教材教具や強化子を購入するための費用を確保しておく必要もあります。

④教師の「態度」や「信念」

　例えば、教師が「この子には何をしても無駄だ」という極端に悲観的な信念をもっていれば、行動支援計画の実行に積極的に関与しようとしなくなる可能性が高まります。また、教師が「子どもは甘やかさずに厳しく育てるべき」「ごほうびでつるのはよくない」などといった考えをもっていれば、例えばトークンエコノミーのような方法は受け入れられないかもしれません。

　これらの問題に対しては、行動支援計画における一つひとつの方略を裏づける基礎的な理論、対象となる子どもにとっての必要性、期待できる成果とほかの成功事例などについて情報を共有し、丁寧に説明を重ねることが必要となるでしょう。

⑤教師の「経験」や「スキル」

　例えば、前述したシェイピング、課題分析とチェイニング、プロンプトとフェイディング、あるいは問題となる行動を強化せずに代替行動を促し強化する対応などを適切に実行するためには、文書や口頭でやり方を伝えるだけではおそらく不十分です。そのため、教師も系統的で反復的なスキルトレーニングを受けることが必要です。

◎問題となる行動を減らすには

なぜその行動を起こしているのかの目的を知ること。
↓目的＝機能
これを機能アセスメントという。

の情報を集める。
A　　　B　　　C

このとき子どものコミュニケーションスキルを把握しておく。

◎機能アセスメントで行動の機能をつかもう

問題となる行動を　｛他者からの注目　　これらを得るため（正の強化）
しているのは　　　　物や活動　　　　　これらから逃れるため（負の強化）
　　　　　　　　　　感覚

子どもが代替行動を身につけても、問題となる行動のほうが確実で、強くて、早く欲求がかなうなら、代替行動を行わない。長期目標である望ましい行動にも取り組めるようにしていくことが重要！

◎行動支援計画がうまくいくには

実行できるかどうか
効果的かどうか　　　　この2つが大事
途中で見直しをしながら、修正していくことが必要

しかるだけという対応がなぜダメ
なのかがよくわかったわ

質問5 行動支援計画を見直すにはどうしたらよいですか？

　行動支援のために計画を立てて実行してもなかなか成果が出ないときに、何をどうすればよいかわからなくなります。逆に計画がうまくいって目標が達成されたときには、いつまでそれを続ける必要があるのか迷うことがあります。

行動問題に関する記録をとることをおすすめします

　行動支援計画がうまくいっているのかどうか、正確に把握するには記録をとることが1番です。また、計画をたてる前後の様子を比較するために、定期的に評価と修正を行います。

解決する ステップ3 作戦を立てて実行に移す
⑤行動支援計画の評価と修正

記録データをもとに支援を見直す

　行動支援計画がうまくいっているのかどうかを正しく評価することは、実は簡単ではありません。私たちは日々の子どもの姿に一喜一憂してしまいやすいからです。

（1）行動を記録し、データとして活用する

　状況を正しく評価するためには客観的な情報がある程度必要です。そのような情報を得るために、例えば、子どもの行動の回数や持続時間を実際に数えたり測ったりすることができます。また例えば5段階評価などの基準をあらかじめ決めておき、特定の期間内における行動の頻度や強度を記録することができます。

（2）データを視覚化し、比較する

　正しく評価をするためにポイントとなるのは「データの視覚化」と「支援前後の比較」です。まずは、行動記録をもとに次のページの図に示したようなグラフを描いてみましょう。支援が長期に渡る場合であっても、行動の推移が一目で把握できるようになります。
　また、特定の支援を開始する前の行動も記録しておき、支援開

始前のデータを詳細に分析することも重要です。支援開始前に問題となる行動がどれくらい生起しているのか、増加傾向にあるのか減少傾向にあるのか、あるいは増減の変動が大きい場合はその要因が何であるのかについて分析を行ってみましょう。

そして下の図のように支援開始後の記録もグラフに加えて、支援前後で比較を行いましょう。全般的な水準（グラフの高さ）と傾向（グラフの傾き）のそれぞれを前後で比較して、支援開始前後で標的行動の頻度は増えているか減っているかを検討し、支援の効果を評価しましょう。

行動データのグラフ化の例（問題となる行動を減らす場合）

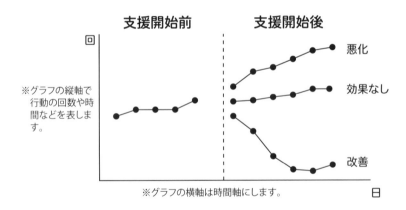

（3）行動支援計画の修正のポイント

このように行動が改善しているかどうかをデータに基づき評価してから、その後の方針を検討しましょう。支援開始後の改善が認められた場合は、基本的にはその計画を継続することになります。

逆に改善が認められない場合は、原因を探り、その原因に応じた対策を講じる必要があります。実はうまくいかないケースのかなりの部分は「実行の問題」に原因があります。特に支援計画が複雑であったり、複数の教師や支援者が関わる場合はこの問題が起こりやすくなるといえます（73ページ参照）。支援計画が実行されなかった要因を分析し、下の図に示したような対応策を検討しましょう。

また「実行の問題」以外のうまくいかなかった要因としては、支援計画そのものに問題があった可能性も考えられます。この場合、支援計画を立案するもととなるアセスメント情報に不足や誤りがあった可能性があるため、付加的な情報収集を検討します。得られた情報が適切かつ十分であった場合は、支援計画の立て方に問題があった可能性も考えられますので、この場合は自分よりも専門性や経験のある人に助言を求めましょう。

意思決定のプロセスの例

行動支援計画の実行

- 改善あり
  - 計画の継続
  - 般化と維持の検討
  - 計画の簡略化を検討
  - 目標のレベルアップを検討
  - 新たな目標設定を検討

- 改善なし → 行動支援計画が計画どおりに実行されていたかどうかを検討
  - 実行に問題があった
    - 役割分担の見直し
    - リソース（時間、人出、予算など）の付加を検討
    - 計画の簡略化を検討
  - 実行には問題がなかった
    - 支援者、養育者に対する研修・トレーニングを検討
    - アセスメント情報の付加を検討
    - 計画の立て方に問題がないかどうかスーパーバイズを受ける

なぜ行動支援計画が失敗するのか

　行動支援計画の失敗には、大きく分けて2つの原因がある。1つめの原因は、行動支援計画の内容それ自体に問題があったということである。この原因は、さらに「情報不足」と「計画の立て方の問題」という2つの原因に細分化することができる。情報不足が問題であれば、追加のインタビューや直接観察を行うことを計画して、付加的な情報を得るようにする。計画を立案する段階に問題がある場合は、自分よりも専門性の高い誰かに相談して、適切な助言を得ることが必要である。

　行動支援計画が失敗する2つめの原因は、行動支援計画が実行されなかったということである。この原因には行動支援計画の「実行可能性」が大きく影響する。また、別の要因として「行動支援計画を実行するメンバーが自分の役割を十分に理解していなかった」という可能性もある。特に複数のメンバーで支援を行う場合、この問題が起こる可能性は高くなる。そのような場合は、行動支援計画を文書化して、関係者に配布することが効果的である。「誰が、いつ（いつまでに）、どこで、何をするのか」をメンバーそれぞれに具体的に伝達する。

　また、支援計画を実行して子どもがどのように変化したかを評価するための「フォローアップ・ミーティング」もあらかじめ設定し、スケジュールに組み込んでおく。行動支援計画が効果的であれば、「計画の継続」「計画の簡略化」あるいは「目標の段階を上げる」という意思決定がなされる。逆に、行動支援計画が十分に効果的でないと評価された場合は、行動支援計画を修正することを検討しなければならない。

第 **3** 章

行動支援の成果を広げて定着させる

質問 1　学校でできるようになったことが家ではできません

学校場面において行動支援に取り組んだ結果、適切な行動が増え、行動問題が改善されました。しかし、家庭場面をはじめとした学校以外の場面では、以前のよくなかった状態のままのようです。子どもの「応用力」の限界でしょうか？

こたえ　成果を広げて持続させるコツがあります

「応用力の限界」ではなく、ある意味で子どもは場面を区別することを学習したのだといえます。特定の状況において得られた成果をほかの状況に拡大させる「般化」の促進を検討しましょう。

ここでもできた！を増やす
①般化

第3章 行動支援の成果を広げて定着させる

成果の範囲を広げる

　教育の目的の1つが、子どもに知識や技能を身につけてもらうことであるのはいうまでもありません。しかし、その成果がごく限られた範囲に留まるのであれば、また、短期間に限定されるのであれば、その価値は大きく損なわれることになるでしょう。

　例えば、子どもが教室の中で、あることができるようになったとします。それは重要な成果ですが、それが「教室の中でしかできない」のであれば、教師はそのことを教える側の問題であると認識しなければなりません。

「般化」の例

学校でできたことが　　　家でもできるようになり　　　卒業後、地域社会においてもできるようになる

83

（1）般化する・般化しないとは

　ある特定の状況（特定の場所、教師、教材など）で身につけた行動が、別の状況下でも同じように起こることを「般化」といいます。

　逆に「般化しない」「般化が見られない」という状態は、状況が変わってしまうことで成立していた行動が崩れてしまうこと、あるいは、ある状況において得られた学習成果が、ほかの状況において発揮されないことです。例えば、「学校でできるようになったことが、家庭ではできない」、「特定の人を相手に練習したコミュニケーションスキルが、別の人を相手にしたときに発揮されない」「家庭で改善された行動問題が、学校では改善されない」などがあげられます。

（2）成果の「維持」には大人の行動の「維持」も必要

　また、般化ができたら次は、「維持」させることが問題になってくるでしょう。「維持」の問題とは、ある行動変容が長期にわたり持続するかどうかという問題です。行動を「変えること」も決して容易ではありませんが、それを「続けること」はさらに難しいのです。誰にでも、多かれ少なかれ「三日坊主」の経験があるでしょう。

　なお、この「維持」の問題は、子どもの行動だけではなく、子どもに関わる指導者や支援者の行動においても同様に検討しなければならない課題でもあります。

（3）般化場面の環境を設定・調整する

　ここで、子どもがある行動を習得した場面、すなわち指導者による指導と環境設定によってその行動ができるようになった場面を「指導場面」、そして般化が期待される場面を「般化場面」と呼ぶことにします。

　指導場面で得られた成果を般化場面に拡大させるために、まず検討するべきことは、般化場面の環境を可能な限り指導場面に近づけることです。指導場面において子どもの行動を支えていた先行事象（A）や結果事象（C）を般化が期待される場面にも導入することを検討します。
・先行事象の例：部屋のセッティング、教材、指示や声かけの方法、スケジュール表など
・結果事象の例：望ましい行動に対する称賛、ポイントシステムなど

　そのために必要なのが、子どもに関わる大人が「情報の記述と共有」をすることです。子どもの実態を、単にあることが「できるかできないか」で記述するのではなく、「どのような環境のもとではできるようになるのか、あるいはできなくなってしまうのか」といった形で情報を整理することが重要です。「個別の支援計画」などにおいても、そのような「環境要因」に関しても記述できるように、書式を工夫するべきです。

　子どもにとっての環境要因とは、物理的な環境だけではありません。周囲の人たちの関わり方も重要な環境要因です。しかし、子どもに対する「関わり方」に関する情報を共有するだけで、実際に周囲の人たちの関わり方が持続的に変容するとは限りませ

ん。場合によっては、子どもに関わる人たちに対する研修やトレーニングや、周囲の人たちの「関わり方」をマネージメントする工夫（具体的なやるべきことを箇条書きにしたチェックリストを用いるなど）が必要になるかもしれません。

　学校場面においては、周囲の子どもたちもまた重要な環境要因です。周囲の子どもたちの逸脱傾向が強ければ、適切な行動の般化を妨げ、行動問題を誘発するかもしれません。逆に、周囲の子どもたちが適切なモデルとして機能したり、般化を促進するプロンプトを提示したりする役割を果たしてくれる可能性もあります。

(4) 般化しやすい指導方法を検討する

　子どもに新しい行動を指導する際に、指導場面の環境を設定、調整することのほか、その指導方法を工夫することによっても般化を促進させることができます。

①多様な状況の中で練習する

　　子どもに新しい行動を学習させる際には、なるべく状況を変えずに、すなわち、いつも同じ指導者が、いつもと同じセッティングにおいて、同じ教材・教具・教示を用いて指導を行うことが一般的には効果的です。

　　しかし、そのように固定化された状況において習得された行動は、状況の変化に対してもろくなる傾向があります。ワンパターンな状況においては、行動の「習得」は早まるものの、その行動の「般化」は起こりにくくなります。

　　逆に、新しい行動の習得を難しくさせてしまう可能性はあ

るものの、指導の段階から、意図的に状況にバリエーションの幅をもたせ、多様な状況に対して、同様に行動できるよう練習しておくことは、般化を促進させます。ある程度、標的となる行動を習得した段階で、系統的に指導者やパートナー、場所やセッティング、あるいは教材・教具や教示のしかたなどを変えることによって、多様な状況に対して、より柔軟に応じられるよう練習を重ねます。

　さらに、多様な状況の中に類似性を見つけ「代表例」を指導することは、般化を効率的に促進させます。例えば買い物学習を行う際には、利用する可能性のある店舗ごとに、必要とされる一連の行動を課題分析すると、「スーパーマーケット・タイプ」「コンビニエンスストア・タイプ」「ベーカリー・タイプ」「ハンバーガーショップ・タイプ」など行程の類似性に基づき、グループをつくることができます。すると、各グループ1つの店舗を練習するだけで、同じグループの直接練習したことがない店舗の買い物もできるようになるかもしれません。

②系統的に「ルーズに」強化する

　新しい行動を学習させる際には、最初の段階では特に、可能な限りその行動が起こるたびに強化することが重要です。しかし、毎回強化されていた行動は、消去（強化されなくなること）に対する「抵抗力」が低く、消去されれば比較的早く消失してしまうことが知られています。

　そこで考えられる方略は、指導がある程度進んだ段階で、系統的に強化を「薄めていく」ことです。このことは、行動の「維持」について検討するうえで重要です。

例えば、ある行動に対して毎回言葉で称賛していたのを「2回に1回」→「5回に1回」→「10回に1回」と、系統的に「薄めていくこと」が計画できます。あるいは、活動の区切りごとに行っていたポイントシステムにおけるポイントの加算のタイミングを「授業が終わるごとに」→「午前と午後の1回ずつ」→「1日の終わりに」→「週ごとに」と系統的に変えていけるかもしれません。このように、「評価のスパン」を延ばしていくことも強化を「薄めていく」ための方略の1つであり、消去事態に対する抵抗力を高めることにつながります。

　しかし、「強化されなくてもできる」ということを最終的なゴールにするべきではありません。なぜなら行動支援のゴールは、子どもが正の強化を受ける機会を最大化すること、そしてそのために子どもが柔軟に行動できるようにすることだからです。練習の段階で強化を「薄める」のは、子どもがある程度の努力を重ねて、はじめて得ることができる大きな強化にもアクセスできるような「粘り強さ」や「耐性」をつけるためです。

③子どもに「自己管理」を教える

　「行動が成立するためのABC」を子どもが自分でつくり出したり調整したりする幅が広がれば、その分だけ環境の変化による影響を受けにくくなります。自分の行動に影響する要因を自分でマネージメントできるよう指導することは、般化と維持を促進させる有力な選択肢の1つです。

　例えば、行動の先行事象「A」に関しては、「やるべきことを自分で整理し、スケジュールやタスクリストを作る」「自

分で目標設定を行う」「必要な教材・教具やツールを自分で準備する」「逸脱行動を誘発するものを遠ざける」「行動問題を誘発する人から遠ざかる」などといった内容を指導することが考えられます。

行動の結果事象「C」に関しては、「自分で自分の行動を記録する」「目標を達成できたかどうか、自分で評価する」「自分で自分を強化する（例えば、目標の達成度合いに応じて、好きな活動を行ったり、好きなものを食べたりするなど）」などといった内容を指導することが考えられます。

また、行動「B」の習得が不十分である場合も、他者からのプロンプトだけに依存するのではなく、例えば「手順表」や「マニュアル」などを参照して、自ら問題解決するということを指導できます。

なお、子どもが判断に迷ったり、自分では解決できない問題に直面したりした場合には、誰かに報告や相談をすることができるように、そのようなコミュニケーションスキルも併せて指導しておくことが大切です。

質問 2 複数の人たちで協力して行動支援を行うコツは？

複数の人たちで子どもに関わると、設定している目標や支援の方法や価値観がバラバラで、なかなか足並みがそろわず、子どもが混乱することさえあります。何とか足並みをそろえることができても、それを持続させることもまた難しいのです。

こたえ 「チーム」として取り組むためのしくみをつくりましょう

ABAが対象とするのは、子どもの行動だけではありません。子どもに関わる支援者の行動をABC分析して「支援行動」の「A」と「B」と「C」を整えるための手順としくみを考えましょう。

広げるステップ2 「チーム」で取り組む ②チームワークづくり

支援者の支援行動にもABC分析を役立てる

　行動支援を行う場所が、学校であれ、家庭であれ、施設であれ、ほとんどの場合、そのプロセスには複数の人たちが関わることになります。ところが、子どもに関わる一人ひとりが子どもに期待すること、あるいは許容できることやできないことは、多かれ少なかれ異なっているものです。

　また、適切に行動支援を進めていくために必要な知識の量や、実際にどれだけうまく子どもに関わることができるかという支援スキルの熟達度も一人ひとり違います。そのため、支援者同士で支援の方向性を共有することが大切です。

（1）子どもに関わる人たちを「チーム」にする

　行動支援における「チーム」とは、目標と方法論と成果を共有する人たちの集まりであるといえます。支援者の行動をABC分析すると、支援者の適切な支援行動が成立し、それを維持するためには、さまざまな条件が整っていなければならないことに気づくことができます。支援行動の「A」と「B」と「C」を共有することによって、子どもに関わる人たちを「チーム」にしましょう。

（2）正の強化で維持されるチームワークを目指す

　支援者の支援行動も ABC 分析の枠組みで捉え、A：何をすればいいのかをわかりやすくする、B：適切な実行を促すために練習やサポートを行う、C：「やってよかった」という経験を蓄積してもらうことを目指します。

　特に「やってよかった」という経験の蓄積は重要です。子どもの成長や進歩に関する情報を目に見える形にして共有し、互いの貢献や努力や工夫をねぎらい合うような「正の強化で維持されるチーム」をつくり、楽しみながら行動支援に取り組みましょう。

（3）誰を「チーム」のメンバーと捉えるか？

　子どもに関わるすべての人たちが情報を共有して、意見を出し合い、密に連携を取ることができればよいのですが、おそらくそれは現実的ではないでしょう。ここでは、子どもとの関係性や関わりの頻度などに応じて、子どもと関わる人々を階層的に捉えようと思います。大まかには、次の3つの層を想定することができます。

①その子どもに頻繁に関わり、行動支援に関する意思決定において主要な役割を果たす人々
②その子どもに頻繁に関わるが、行動支援に関する意思決定においては主要な役割を果たさない人々
③その子どもと一緒に過ごしたり、その子どもを見かけたりはするが、日常的に直接関わることはない人々

　この中の①と②の人たちは「チーム」として行動支援に取り組むことが望ましいといえ、特に①の人たちにはそのための手順と

しくみが必要となります。

　そのチームとして必要な手順とは、❶実態把握、❷目標設定、❸計画の立案、❹計画の実行、❺評価と修正であり、この各手順に協働して取り組んでいくことが重要です。

　また、その協働においては、以下のようなしくみが必要となります。

- 上記の手順が必要であるというメンバー間における共通認識
- メンバーの具体的な役割分担と手順を遂行するためのスケジューリング
- 子どもの支援計画における目標設定
- 評価と修正などの意思決定を行うための子ども本人や子どもを取り巻く状況に関する情報、子どもの標的行動に関する行動記録（データ）
- 意思決定に関わるメンバー間でコミュニケーションを行うための方法（会議日程をあらかじめ設定しておく、インターネットを介したコミュニケーションツールを用いるなど）

（4）目標を設定する

　行動支援の目的は2つに大別され、「望ましい行動を増やすこと」「問題となる行動を減らすこと」のいずれかになることでしょう。ここで重要なのは、問題となる行動を減らすことだけを目標に設定しないことです。そのような目標設定をしてしまうと、子どもに対してさまざまな制限が求められやすくなり、「子どもが問題を起こさないこと」が目標になってしまいます。さらに極端にいえば「子どもが何もしないこと」が目指されがちになります。

　したがって、行動支援の目標には、例えば、コミュニケーショ

ン、活動への参加、課題や作業への取り組み、ルールや指示に合わせて行動すること、余暇活動など「望ましい行動を増やすこと」を必ず含めるようにしましょう。

望ましい行動を増やすには、子どもに関わる人たちが、子ども本人、そして子どもと共に生活する人たちの実態やニーズを踏まえながら「子どもの理想の姿」を思い描かなくてはなりません。そしてこのプロセスには、当事者の「価値観」を反映させることが重要です。「周囲の人たちの都合」ではなく「子どものQOL（quality of life）」をより重視しながら、抽象的なレベルから具体的なレベルに至るまで十分に意見を交換しましょう。

(5) 計画の実行と評価

行動支援計画の全体像が定まったら、さらに計画を具体的にするために「いつ」「誰が」「どこで」「何を」「どのように」という内容をチームで相談して練っていきます。子どもに日常的に関わる人たち（92ページの①②）にも、計画立案の経緯や具体的な内容を何らかの方法で伝達しましょう。

しかし、情報を伝達するだけではうまく計画を実行できない場合があります。その場合は、事前に子どもとの関わり方の見本を実演や動画などで子どもに関わる人たちに見てもらったり、またその人たちにも実際にロールプレイしてもらい、必要に応じて修正を促します。さらに、実際に子どもと関わっている場面を第三者が観察して、関わり方についてフィードバックを行うことも効果的です。

そうだったのか！ サクラmemo⑤

◎般化

般化＝身につけた行動が別の状況（場所・人・教材など）でもできるようになること。

般化するには　①**般化させたい場面の環境を指導場面に近づける**
　　　　　　　②**多様な状況の中で練習する**
　　　　　　　③**系統的に「ルーズ」に強化する**
　　　　　　　④**子どもに「自己管理」のしかたを教える**

などの方法がある。

維持＝行動が変わって、それが長期間持続すること。

◎チームで取り組むとき

チームで取り組むための
手順としくみが必要。

取り組む手順
①実態把握 ⇒ ②目標設定 ⇒ ③計画立案 ⇒
④計画の実行 ⇒ ⑤評価と修正

支援者の「支援行動」もABC分析することが大事。
A―何をするのかわかりやすくする
B―実行できるようにサポートする
C―やってよかったという経験を蓄積する

成果を広げて定着させるためには、いろいろと具体的に検討しなければならないのね！

column

問題解決に向けた「答えの導き出し方」がわかるABA

　ABAの本質は、行動を理解する枠組みであり、行動に影響を与えるための原理原則である。ABAそれ自体は、特定の「教育プログラム」や「治療法」ではない。

　ある特定の「教育プログラム」を「コンピュータ」に例えれば、ABAはその中にある「CPUやメモリ」といった部品と言えるのかもしれない。普段、その存在を意識しなくても、それらは製品の一部として存在しており、その製品の性能や機能をつかさどっている。

　したがって、すでに子どもになんらかの教育方法が実践されている場合にも、ぜひ、ABAにおける行動理解の枠組みや行動変容の原理を活用していただきたい。その枠組みや原理は、すでに実施されている支援や教育方法を修正・改善する際に、具体的な方向性を示してくれるだろう。

　支援者が「ハウツー的な支援」(いわゆる「○○のような子どもには□□が有効」といったアプローチ)をたくさん知っているのに越したことはない。いわゆる「ユニバーサルデザイン」も「とりあえずはこれがベストだろう」ということを事前に検討する点においては「ハウツー的な支援」に近いといえるだろう。一方で、ABAは「ハウツー集」ではない。ABAにおいて重視するのは、「ハウツー」ではなく、「なぜ?」を考えることである。あらゆる問題に適用できる「万能薬」は存在しないため、一人ひとりのその状況に合った処方せんとフィッティング作業が必要である。

　問題解決においては、最初から「答え」があるわけではないが、「答えの導き出し方」はある。ABAが提供できるのは、まさにその「答えの導き出し方」なのである。

第**4**章

ステップ方式でケースを解決してみよう！

ABCで解決！チャート

序章 行動を理解するための「ABC」

ABC分析 p14
（ABCの3つに分けて整理する）

「やってくれない問題」の場合

第1章 望ましい行動を育てる3ステップ

育てるステップ1 スモールステップの目標設定

- ①シェイピング p19
（成功体験を積み重ねて、新しい行動をつくる）
- ②課題分析とチェイニング
  - ❶行動を要素に細分化する「課題分析」 p23
  - ❷行動の各ステップを練習してつなぎ合わせる「チェイニング」 p25

育てるステップ2 自力でできるヒントの提供

- ③プロンプト p29
（1人で行動できるようにするための計画的な手がかりの提供）

育てるステップ3 やりたくなるしかけづくり

- ④強化 p37
（望ましい行動を起こしやすくする）
- ⑤強化子のアセスメント p41
（子どもをやる気にさせる物や活動を探す）
- ⑥トークンエコノミー p45
（「待てない」と「飽きてしまう」を防ぐごほうび交換システム）

第1章もしくは第2章のステップのあとに行う

第3章 行動支援の成果を広げて定着させる

広げるステップ1 ここでもできた！を増やす

- ①般化 p83
（成果の範囲を広げる）

「やめてくれない問題」の場合

第4章 ステップ方式でケースを解決してみよう！

第2章　問題となる行動を解決する3ステップ

解決するステップ1 問題の理由を探り出す
→ ①機能的アセスメント p51
（問題となる行動の機能をつかむ）

解決するステップ2 目標を設定する
→ ②代替行動 p55
（適切な行動の習得を目標にして、問題となる行動と置き換える）

解決するステップ3 作戦を立てて実行に移す
→ ③3つの方略 p59
（「予防」「行動を教える」「行動後の対応」の3つの方略を立てる）
❶予防（A. 先行事象に対する方略） p60
❷行動を教える（B. 行動に対する方略） p64
❸行動後の対応（C. 結果事象に対する方略） p66

→ ④行動支援計画 p69
（情報とアイディアを文書化し、状況に合った計画にする）

→ ⑤行動支援計画の評価と修正 p77
（記録データをもとに支援を見直す）

広げるステップ2 「チーム」で取り組む
→ ②チームワークづくり p91
（支援者の支援行動にも ABC 分析を役立てる）

事例 1 おしゃべりをやめてくれないユキヒロさん

エイタ先生（小学校1年生の通常学級の担任）からの相談

キーワード ABC分析

エイタ先生♠ 私が担任をしている小学1年生のユキヒロさんの行動に、今とても困っています。

ケンイチ先生♣ 先生が困っていらっしゃるのは具体的にはどのような行動なのですか？

エイタ先生♠ ユキヒロさんはとにかくおしゃべりで、授業中もずっとしゃべっているという感じです。授業に関連する発言もありますが、そうではないことも多いです。
迷惑に思っている子もいるのですが、面白おかしくリアクションする子もいて、ユキヒロさんはそれでますます調子に乗ってしまいます。

ケンイチ先生♣ もしかすると、ユキヒロさんは周囲から注目を集めようとしていろいろな場面でおしゃべりをしているのかもしれませんね。周囲からの注目を得たいと思うことはとても自然で、それ自体は悪いことではありません。
とはいえ、少しずつ周囲との適切な関わり方を学んでいければいいですね。

エイタ先生♠ なるほど。「注目を得る」という「行動の目的」は大切にしてあげる必要があるということなんですね？

ケンイチ先生♣ そのとおりです。ところで、ユキヒロさんの学業成

序章と第2章の3ステップを使って解決しましょう。

| 解決する ステップ3 | 作戦を立てて実行に移す | ③3つの方略 p59（「予防」「行動を教える」「行動後の対応」の3つの方略を立てる） |

ケンイチ先生♣

績、課題や活動への取り組みや参加についてはどのような様子ですか？

エイタ先生♠ おそらく勉強それ自体は苦手ではないと思うのですが、なにせきちんと話を聞いていないことが多いのです。そのため聞き逃しによって次にやることがわからなくなってしまったり、授業で教えたはずの内容が抜けてしまっていることはしょっちゅうあります。
ユキヒロさんは「聞いて理解する」ということが苦手なのかもしれません。

ケンイチ先生♣ そうですね。音声による情報は聞き逃さないためにずっと集中し続ける必要があります。それが今のユキヒロさんには少し難しいのかもしれませんね。

◎問題の理解と解決の観点

ケンイチ先生♣ ここでいったん情報を整理してみます。エイタ先生がユキヒロさんの課題として最も強く認識されているのは、場面と内容が不適切なおしゃべりでしたね。

エイタ先生♠ ええ、そうです。周りの子どもへの影響もあるので、まずそれをなんとかしてあげたいと思います。

ケンイチ先生♣ そうですね。問題の1つは、「おしゃべりをする場面が不適切であること」なので、いつおしゃべりをしてよくて、いつおしゃべりをするべきではないのか、生活の具体的な場面ごとに教えてあげる必要がありますね。

エイタ先生♠ 「おしゃべりをしてはダメ」ではなく、してもよい場面を具体的に教えてあげるというところがポイントなのですね。

ケンイチ先生♣ もう1つの問題は「おしゃべりの内容」も不適切である場合が多いことですね。今後は、年齢相応な話題の選び方や相手に質問したり話題を振ったりして上手に聞くためのスキルも少しずつ練習していければいいですね。ユキヒロさんも周囲の子どもたちも双方がやりとりを楽しめて、お互いにその関係に満足できるようになれればいいなと思います。

エイタ先生♠ なるほど！ そう考えると、おしゃべりは「問題行動」というより、とても大切なコミュニケーションスキルの土台であると捉えることもできそうです。

ケンイチ先生♣ エイタ先生、その観点はすばらしいです！ あと私がユキヒロさんの課題としてあげたいのは、課題への取り組み方や活動の参加に関することです。先ほど先生が話されていたように、注意がそれやすいという特性から「聞き逃し」が多くなってしまっているのかもしれません。

ここが改善されると、「やるべきことがわかる→実際にできるようになる→相対的に問題行動が起きにくくなる→称賛、承認、達成感が得られやすくなる」とい

うよい循環をつくっていけるかもしれません。

◎支援計画の立案

「なぜ課題や活動に取り組まず、不適切なおしゃべりをするのか」の2つの課題について ABC 分析して支援計画を詳細に検討します。

ユキヒロさんは課題や活動に適切に参加して学ぶためのスキルをすでに習得しているようです。しかし、注意のそれやすさによって「聞き逃し」が増え、悪循環が生まれてしまっていると考えられました。そこで、次のような支援の方略を立案しました。

行動の先行事象 Antecedent	行動 Behavior	行動の結果事象 Consequence
課題や活動に関係のないことに注意が向いてしまう(結果、聞き逃しが多くなってしまう)	課題や活動に関係のないこと(おしゃべりなど)をしてしまう (結果、課題や活動にうまく取り組めない)	課題や活動から逸脱した行動が注目によって強化される 課題や活動への取り組みによっては称賛、承認、達成感が得られない わからないことが増えていき、ますます指示を聞かなくなる
予防 ・なるべく課題や活動に関連する情報は文字やイラストなどを使って視覚的にも提示するようにする ・「おしゃべりをしてもいい時間」と「おしゃべりをするべきでない時間」をスケジュールの中で明示するようにする	**行動を教える** ・適切な場面、内容、方法で会話できるように練習する ・課題や活動についてわからなくなってしまったときに、援助を求めることや質問することを練習する	**行動後の対応** ・課題や活動に取り組めたことに対して強化する ・不適切なおしゃべりに対しては過度にリアクションせずに、その状況でやるべきことを伝え、それができたことを強化する

◎支援の成果

　エイタ先生は、学級の児童全員に対して1日全体をとおしての活動の流れを板書し、それぞれの授業や活動における詳細な流れは小黒板に書いて子どもたちが見やすい場所に置くようにしました。これはユキヒロさんに効果的であったうえに、ほかの子どもたちにも有効でした。また、いったん集中が途切れて注意がそれてしまっても、エイタ先生が促すと、ユキヒロさんは板書されている活動を確認して活動に復帰できるようになってきました。

　最近では、ユキヒロさんが自分で黒板と小黒板に示されている活動の流れを参照している様子も頻繁に見られるようになってきました。授業や活動への取り組みが明らかに改善されたため、エイタ先生がユキヒロさんをほめることがとても増えました。

●クラスのお約束をつくる

　エイタ先生は、「クラスのお約束」として、学級の児童全体に対して「自由に話をしていい時間」と「私語をしてはいけない時間」を具体的に設定し、それを活動の流れとともに小黒板に示すようにしました。これも学級の児童全体に対してとても効果的でした。

●保護者面談を行う

　保護者面談の際に、ユキヒロさんの母親に、学校での様子、エイタ先生が心配していること、そして今後の目標や支援の見通しなどについて話をしました。母親にも心当たりがあったようで、入学する以前のエピソードをたくさん話してくれました。

　もう一度面談を設定して、今度はユキヒロさんの父親も交えて、コミュニケーションの練習機会を増やすことを目的とした通級の利用を提案しました。両親はそれに同意し、ユキヒロさんは定期的に通級でコミュニケーションの練習に取り組むようになりました。今ではエイ

エイタ先生の学級においても少しずつ練習したことが発揮できるようになってきています。

◎解説

ユキヒロさんは課題や活動に参加するスキル自体はすでに習得していると考えられました（つまり行動のABCの「B」に問題はない）。しかし、課題や活動に参加するきっかけとなる指示や教示を聞き逃すことが多く、「A」に問題があると考えられました。行動のきっかけがうまく機能していないために、本来もっているスキルがうまく発揮されず強化されなくなり、ますますエイタ先生の指示や教示に注意が向きにくくなり、やがては新しい知識やスキルの習得を遅れさせてしまうといった悪循環に陥っていると分析することができました。

●適切なコミュニケーションへ

また、「おしゃべり」に対しては、ユキヒロさんと周囲の子どもたちの双方にとって心地のよい関係を維持するための「適切なコミュニケーション」に洗練させることを目的としたアプローチが行われました。個別的な指導は通級で行い、並行して通常学級の中で「しゃべってよい時間とそうでない時間を明示する」といった環境設定を連動して行った点も行動の改善につながった要因であると考えられます。

●学級全体へアプローチ

エイタ先生は、通常学級内で行う支援は基本的に「ユキヒロさん個人」に対してではなく「学級全体」に対して行い、その中に自然とユキヒロさんが含まれるようにしていました。学級全体の底上げをしながら、ユキヒロさんの個別的なニーズに応え、かつユキヒロさんに対する「特別視」を生まないうまいやり方であったと考えられます。

「ABAで解決！チャート」を見ながら、
解決策を考える練習をしてみましょう！

この事例は「おしゃべりをやめてくれない」と相談されていた事例でしたが、その背景には「課題や活動へうまく取り組めていない」という問題がありました。読者のみなさんが関わっている同様の問題を抱えた子どものことを想像しながら、まずは **10 〜 16 ページ** の序章の内容を参考にして、指導の方法を考えてみましょう。

⇒ **ポイント1** 子ども本人の「能力」や「障害特性」だけに着目するのではなく、行動に影響する周囲の人たちの関わり方も含めた環境の在り方にも着目する

⇒ **ポイント2** 子どもが「やるべきことを理解できていない」可能性について検討する

⇒ **ポイント3** 子どもが「もともとその行動をすることができていない」可能性について検討する

⇒ **ポイント4** 子どもが「やる気になっていない」可能性について検討する

ユキヒロさんのケースでは、「おしゃべり」に対しても直接的にアプローチしています。**102 ページや 104 ページ**を振り返って参考にしてみてください。

③3つの方略 p59
(「予防」「行動を教える」「行動後の対応」の3つの方略を立てる)

おおまかには「期待する行動が何であるかをわかりやすく伝える」(A)、「うまくできない場合はそれを練習する」(B)、「望ましい行動を強化する」(C)という方針で支援に取り組みます。

ここでは特に「課題や活動にうまく取り組めていない」という問題に焦点を当てて考えていきたいと思います。

- ユキヒロさんの「課題や活動に取り組む行動」のABCについて考えてみたところ、「聞き逃しが多い」という「A」の問題が大きく、そこから「B」と「C」の問題が派生的に起きていると考えられました。

- したがって「課題や活動に関連する情報を視覚的に提示する」という「A」に関わる作戦を中心的に考え、さらに「B」と「C」に関わる支援を補強するという方針を取りました。

事例 2

ミナミ先生（小学校5年生の通常学級の担任）**からの相談**

登校しづらくなってしまったチアキさん

キーワード シェイピング

ミナミ先生♥ 私が担任をしているクラスのチアキさんは、4年生から学校に来られなくなってしまい、5年生になってからは1日も登校できていません。私は5年生から彼女の担任になったのですが、私がチアキさんに会えるのは家庭訪問したときだけなんです。

ケンイチ先生♣ いわゆる「不登校」という状態ですね。チアキさんが学校に来られなくなってしまったきっかけや理由については何か聞いていらっしゃいますか？

ミナミ先生♥ それがはっきりとしたことは引き継がれていないんです。家庭訪問したとき、本人からは「クラスの子どもたちと合わないなと感じて、そこからなんとなく行けなくなった」と聞いています。ただ、少なくともいじめなどの理由はなかったと思います。

ケンイチ先生♣ 今、チアキさんは家でどのように過ごしていますか？

ミナミ先生♥ 本人は勉強の遅れを気にしているようなので、自分で計画して問題集などに取り組んでいるようです。しかし、自由に過ごせる家の中できちんと自己管理するのは難しく計画どおりには進んでいないようです。勉強をしている以外は、基本的には家でゲームやインターネットなどの好きなことをして過ごしているようです。外出することもほとんどないようですね。

第1章のステップを使って解決しましょう。

育てるステップ 1 　スモールステップの目標設定　→　①シェイピング p19（成功体験を積み重ねて、新しい行動をつくる）

ケンイチ先生♣

第4章　ステップ方式でケースを解決してみよう！

ケンイチ先生♣　チアキさんが学校に行けていない現状について、保護者はどのように捉えられていますか？

ミナミ先生♥　ご両親とも、チアキさんが学校に行けていない現状をとても心配しておられます。しかしそれ以上に「無理をさせたくない」というお気持ちも強いようです。

ケンイチ先生♣　チアキさん本人は、自分の状況についてどう捉えていますか？

ミナミ先生♥　「よくない状況」であると捉えています。実はチアキさんはずっと学校に行きたいと考えていたようなんです。でも急に学校に行って周りからどんな目で見られるのか不安だし、みんなとうまくやっていく自信もないし、とにかく失敗するのが怖いとのことでした。

◎問題の理解と解決の観点

ケンイチ先生♣　現状では学級の中に不登校を維持させるいじめなどの明確な原因はないと考えてよいでしょうか？

ミナミ先生♥　はい。いじめなどの具体的な対人関係の問題はないと思います。家庭訪問をとおして私との信頼関係もできてきているように感じています。

ケンイチ先生♣　もしかすると、チアキさん自身も自分の不登校の原因

が何であるのかよくわからなくなっていて、それを誰かに説明することが難しいのかもしれませんね。
ただ、チアキさんのお話からは、どうやら学校に行くことが漠然と不安であるというのは確かなようです。

ミナミ先生♥ はい、そうだと思います。

ケンイチ先生♣ それと今は家の中で基本的には好きなことをして過ごしていられるので、いろいろな不安や制約のある学校よりも、家にいることのほうが相対的に快適になっているんでしょうね。

ミナミ先生♥ 不登校になってしまう子どもはみんな、何か学校に耐えがたい理由があるものだと思い込んでいました。

ケンイチ先生♣ この場合、「学校で過ごす行動」と「家で過ごす行動」のどちらかを選択していると捉えれば、支援の方針が立てやすくなるかもしれません。

ミナミ先生♥ 2つの行動のどちらかを選んでいると考えれば、「学校で過ごす行動」が選択されやすくなるように、「行動のABC」をアレンジすればよいということですね？

ケンイチ先生♣ そのとおりです！ 加えてチアキさんには学校という場所やクラスメートとの関わりに対する不安、そして「失敗してしまったらどうしよう」という不安があるので、少しずつそのような不安を解消していけるように、目標をスモールステップで段階的に設定していく方法が合っていると思います。

◎支援計画の立案

チアキさんは1日のほぼすべての時間を家で過ごしていたため、保

護者との連携は必須でした。そこでケンイチ先生とミナミ先生は、チアキさんの両親と4者面談を行い、情報と意見を交換して支援の方針を共有することにしました。

　次にミナミ先生が家庭訪問を行い、チアキさんに4者面談で話し合ったことを伝え、チアキさんの考えも取り入れるようにしました。例えばミナミ先生は、チアキさんと相談しながら、下の表のような段階表を作成しました。ステップ1からチャレンジしてみて、不安を感じずに項目に示されていることを実行できるようになったら1つずつステップを進めていくことを計画しました。

チャレンジ項目	
1	コンビニやスーパーに外出する
2	ミナミ先生の家庭訪問に付きそうクラスメートと会話する
3	放課後に学校に行ってミナミ先生と面談する
4	朝、登校して保健室で過ごす
5	参加できそうな時間帯から学級で過ごす
6	すべての時間を学級で過ごす

●チアキさんと約束事項を決める

　ミナミ先生は両親の意向を踏まえながら、チアキさんと①学校を休む場合は、朝に自分で学校に電話する、②学校を休む場合、インターネットとゲームは16時〜19時の間に限定する、③学校を休んだ場合の自習計画を立て、ミナミ先生と振り返りを行う、④体力をつけるために母親とジョギングや筋力トレーニングに取り組む、⑤昼夜逆転を直すため22時までに就寝する、といった目標を設定しました。

　ミナミ先生はこれらの目標設定がチアキさんにとっては少し負担感が強すぎるのではと心配しましたが、チアキさんはミナミ先生との話し合いの中で、それぞれの目標がなぜ必要であるのかをきちんと理解

したようで、前向きに取り組もうとしました。

◎支援の成果

　チアキさんがはじめて学校に欠席の電話連絡をしたときはとても緊張したそうですが、毎日繰り返すことで少しずつ慣れてきて「電話するのは平気になったけど、毎朝かけるのは面倒です」と笑いながら話すようになりました。ゲームやインターネットの時間制限に対しては、やはり最初はかなりの苦痛を感じたそうですが、これも徐々に慣れていき、慣れてくるに伴って時間をもて余すことに気づきました。そこで計画していたとおり、自習課題に取り組む時間が増え、また図書館で借りてきた本を読む時間もつくるようになりました。

　また、母親と一緒にジョギングや筋力トレーニングに取り組むようになり、少しずつ体力がついて運動量が増えてきて、最近ではジョギングのタイムを計り記録の更新に挑戦しています。運動をしたときは疲れて眠くなるので就寝時間も早まったそうです。

●本人の不安が低減するのを待つ

　段階表に示したステップ１の目標はすぐに達成できました。その後、次のステップに進むかどうかは、チアキさんが自分で決めることにしたのですが、ステップ２以降、なかなかチアキさんは次のステップに進もうとしませんでした。ミナミ先生や保護者は、ステップを実行できていることを称賛、承認して、チアキさんの不安が十分に低減するのを待ちました。するとチアキさんは、時間をかけながらも一つひとつ各ステップを進めていくことができました。

　この取り組みは１学期の終わりから夏休みにかけて準備して２学期から始めましたが、12月末にはステップ６が達成できて、ほとんどの時間を学級で過ごすことができるようになりました。

◎解説

不登校にはさまざまな原因があります。例えば、いじめをはじめとする子どもたち同士のネガティブな関係、教師との関係、学業面の遅れなどがつらくなってしまうケースもあるでしょう。学校の中に具体的な不登校の要因が認められる場合には、まずはそれを解決したり、うまく避けたりすることを検討することから始めます（場合によっては「もともといた学級に復帰する」以外の道を模索する必要もあるかもしれません）。

チアキさんの場合、具体的な不登校の原因が学校の中に認められず、かつ、チアキさん本人が登校の意思を明確に示していたため、再登校支援が検討されることになりました。

●スモールステップの目標を設定

チアキさんには再登校に対する漠然とした不安があったため、スモールステップの目標を設定して、それを1つずつ実際に練習していくという方法をとりました。これは「シェイピング」（19ページ参照）の考え方や方法論とよく似ています。シェイピングとは厳密には「未学習の新しい行動レパートリーを獲得させる際に用いられる方法」なのですが、同様のスモールステップの手続きは今回のチアキさんのように不安を軽減させることにも有効です。

また、「学校を休んで家で過ごす」という行動の選択肢に「適度な負荷」（学校への欠席連絡、自習、運動、インターネットやゲームの制限）をかけ、「学校で過ごす」という行動の選択肢に社会的な強化をより頻繁により大きく伴わせることで、学校に行くことがチアキさんによって選ばれやすくなる工夫も凝らされていました。

「ABAで解決！チャート」を見ながら、解決策を考える練習をしてみましょう！

この事例は「学校に行くことができていない」という問題を標的にしたケースでした。チャート上の**「やってくれない問題」**と捉え、**2章**で学んだ内容を生かして考えてみましょう。

育てる ステップ1　スモールステップの目標設定　①シェイピング p19
（成功体験を積み重ねて、新しい行動をつくる）

学校に来られなくなってしまったチアキさんと同じように「標的行動を強化したいけれど、その行動が現状では起きていない」というケースについて **19〜21ページ**の内容を参考にしながら解決策を考えていきましょう。

⇒ **ポイント1** 最終ゴールを設定する
⇒ **ポイント2** その時点でできている行動を把握する
⇒ **ポイント3** 最初の強化基準を決める
⇒ **ポイント4** どのような段階を設けて最終ゴールに近づけていくのか計画する

- みなさんが支援するお子さんにはどうなってほしいですか？ 最終ゴールは何ですか？
- そのお子さんの現状、できている行動は何ですか？ 今すでに起きている「最終ゴールに比較的近い行動」は何ですか？
- 次にほんの少しハードルの高さを上げるとすれば、何が目標になりますか？ 最終ゴールに至るまでの具体的なステップを考えてみましょう。

- チアキさんの場合、最終ゴールはやっぱり「すべての時間を学級で過ごすこと」だと思って目標を設定しました。

> ミナミ先生

- 比較的達成しやすいと考えられたコンビニやスーパーへの外出から始めて、少しずつ「関わる人」や「場所」を学校場面に近づけていきました。

- 後半は参加する時間を少しずつ延ばしていくようなスモールステップを考えました。

- この事例では、「シェイピング」のほかにも重要なポイントがいくつもありました。特に重要であったのは、ミナミ先生がチアキさんや両親との面談を重ね、チアキさん本人の意見を尊重しながら支援を進めていったという点です。
- 子ども本人が支援目標の意義や支援方法の意味を理解し、自分がこれからどうなっていくのかという見通しをもつことはとても大切なことです。
- 子ども本人にそれらのことをわかりやすく伝え、正確に理解してもらうための作戦も支援計画に含めるようにしましょう。

事例 3 交流先の学級で係活動に取り組まないタクトさん

アヤノ先生（小学3年生の特別支援学級担任）からの相談

キーワード 課題分析とチェイニング ／ トークンエコノミー

アヤノ先生♥ 交流先の学級では、うちの学級に在籍する3年生のタクトさんもみんなと一緒に給食当番や掃除などの係活動をすることになっているのですが、タクトさんはそれらの活動にいっさい取り組んでくれないのです。

ケンイチ先生♣ なるほど、「いっさい」取り組んでくれないのですね。先生は今までにタクトさんが給食当番や掃除の活動に「ほんの少しでも」取り組んでいるところを見たことがありますか？

アヤノ先生♥ いいえ、一度もありません。最初から全然やる気がないのだと思います。それなのに交流先の学級ではテンションが上がってしまって、周りの子どもの妨害だけはするんです……。今後は交流を控えることも検討しています。

ケンイチ先生♣ とても難しい状況であることがわかってきました。コミュニケーションに関してはどのような実態ですか？ 言葉の理解や表出の力は同年代の子どもたちと比較するとどうでしょうか？

アヤノ先生♥ 言葉の理解も表出もたどたどしいですね。私は普段、タクトさんに何かを伝えるときには、できるだけ平易な言葉を使って、さらにそれを短く区切ってゆっくり

第1章のステップを使って解決しましょう。

育てる ステップ1 スモールステップの目標設定

②課題分析とチェイニング
❶行動を要素に細分化する「課題分析」 p23
❷行動の各ステップを練習してつなぎ合わせる「チェイニング」 p25

育てる ステップ3 やりたくなるしかけづくり

⑥トークンエコノミー p45
(「待てない」と「飽きてしまう」を防ぐごほうび交換システム)

ケンイチ先生♣

話すように心がけています。そうすればだいたいは通じているようですね。

ケンイチ先生♣ 読んだり書いたりするのはどうですか？

アヤノ先生♥ 今、支援学級では文字を読む練習に取り組んでいて、ひらがなとカタカナが少しずつ読めるようになってきています。でもまだまだ複数の文字を単語としてスムーズに読むことは難しいですね。文章を理解したり書いたりするのは、もうちょっと先の課題です。

ケンイチ先生♣ 交流先の学級でタクトさんがうまく活動に取り組めないとき、アヤノ先生や交流学級の先生は、今はどのように対応されているんですか？

アヤノ先生♥ とりあえずふざけているのを止めて、その後に活動のお手本を見せるようにしています。それで、もう一度取り組むように促すのですが、結局またふざけ始めてしまうので、そこで注意して支援学級に一緒に戻るというパターンが多いですね。

◎問題の理解と解決の観点

ケンイチ先生♣ タクトさんが活動に取り組んでいるところを先生方が

一度も見たことがないというのは、もしかすると「もともとすることができない」ということなのかもしれませんね。

アヤノ先生♥「やる気がない」のではなく、「やり方を知らない」のかもしれないということですね。

ケンイチ先生♣確かに「ふざけているのを止める」「お手本を見せる」という対応は、「スキルが未学習である」という状況にはマッチしたものです。

ただ惜しいのは、タクトさんはそのお手本をあまり見ていない可能性が高いことですね。モデルを示す時間が少し長過ぎるために、タクトさんの集中がもたなかったのかもしれません。

アヤノ先生♥はい。タクトさんが集中して私が示すモデルを見ているという印象はこれまでまったくなかったですね。

ケンイチ先生♣「お手本を示す」という方法自体は、言葉による理解が得意ではないタクトさんに合っていると思うので、そこは変える必要がないと思います。私が変えたほうがいいと思う点は、「活動を一気に全部教えている」という点です。最終的に活動全部に取り組めるようにするために、教える行動を細分化して、少しずつ行動の要素をつなげていくように教えるんです。

アヤノ先生♥細分化してつなげる？

ケンイチ先生♣はい、行動を細分化してつなげるんです。複数の要素からなる一連の行動を具体的なステップに分解することを「課題分析」といいます。今回のケースのように新しい行動を教えるとき、しかもちょっと手順が多かったり、手順が複雑な行動を教えるときにとても役

に立ちますよ。
給食当番と掃除、どちらから取り組みますか？

アヤノ先生♥ タクトさんは、給食当番のほうが掃除よりも頑張りやすいような気がします。

◎支援計画の立案

交流先の通常学級の担任であるリサ先生にもミーティングに参加してもらい、ケンイチ先生とアヤノ先生と3人で給食当番の課題分析を考えました。その結果が下の表です。

タクトさんにやってもらいたいお仕事	
1	配膳台をふく
2	ほかの児童と一緒にワゴンを運ぶ
3	盛り付けられた給食を並んでいる児童に渡す
4	教室の前に立って「いただきます」を言う

この課題分析表に基づき、アヤノ先生とリサ先生は、一番最初の「配膳台をふく」という行動だけを教えることを計画しようとしました。しかし、ケンイチ先生は最後の「教室の前に立って『いただきます』を言う」ことを最初に教えるよう提案しました。これは逆行チェイニング（26ページ参照）の応用であるといえます。

給食当番活動の最初からタクトさんに参加してもらうこれまでのやり方を変えて、給食の準備時間になってもしばらくはアヤノ先生と特別支援学級で過ごすようにしてもらいました。

●行動項目を前に足していく

「いただきます」を言う直前のタイミングでリサ先生に呼んでもらい、通常学級へ移動するようにしました。つまり、問題行動を起こ

す「間」をつくらず、移動したらすぐに「いただきます」を言って、そのまま給食の時間に移るという流れになるよう計画しました。もし、「いただきます」がうまく言えない場合は、モデルを示して模倣するよう促すことを計画しておきました。そして、この流れがうまくいくとステップ「4」だけに取り組むことから、ステップ「3→4」、「2→3→4」、「1→2→3→4」と行動項目を前に足していって練習を進めるように計画しました。

さらに期待することをタクトさんにわかりやすく伝えるよう、写真カードを用いた「やることリスト」を作成しました。また、給食当番の活動に対してトークンエコノミー（45ページ参照）を用いて、通常学級の中で取り組めたことについて特別支援学級の中で振り返り、系統的に強化することを計画しました。

◎支援の成果

まず、アヤノ先生は、ステップ4の「教室の前に立って『いただきます』を言う」という場面を示す写真を用意して、それを添付した「やることリスト」を作りました。「やることリスト」をタクトさんに見せたところ、写真に写っている子どもたちと同じポーズをとりながら「いただきます」と言うことができました。

その日の給食の時間にさっそく最初のチャレンジをしたのですが、計画したとおり特別支援学級でしばらく過ごした後でタイミングを遅らせてタクトさんに参加してもらうという方法を実行しました。するとこの方法がとてもうまくいき、なんと1回目のチャレンジで問題行動をまったく起こすことなく、ステップ4ができました。

●トークンも使って楽しく取り組む

アヤノ先生はスケジュールの各行動項目を示す写真の横にシールを

貼るためのスペースを設け、その行動が実行できたらどこがよかったのか具体的に称賛してシールを貼るようにしました。加えてアヤノ先生は「チャレンジノート」を作り、目標にしたことや達成できたこと、そしてトークンとして提供したシールの累積数が視覚的にわかるように工夫し、さらに累積数の節目（例えば10、30、50、100）ごとにお楽しみを設定しました。タクトさんはこのしくみもすぐに理解することができ、ゲーム感覚で楽しみながら活動に取り組むことができました。

　2か月後、タクトさんは給食当番のすべての行動項目を援助なしでできるようになりました。

◎解説

　タクトさんのケースにおいては「係活動に取り組む行動のABC」のすべてに対するアプローチが必要でしたが、特に「B」のスキル未習得の問題に対しては丁寧にアプローチする必要があったといえます。この状況に対して逆行チェイニングは有効であったようで、「ちょっと活動に参加したらすぐに楽しみにしている給食が始まる」という条件からスタートして、成功体験に基づいて行動項目を前に足していったところがポイントであったといえます。

　さらにアヤノ先生はトークンエコノミーを用いて、係活動に関する「成功の累積」を視覚的に示し、バックアップ強化子も伴わせるようにしました。タクトさんが「やるべきことが具体的にわかる」→「実際にできる」→「強化される」という流れをある程度経験し、タクトさんがトークンエコノミーのルールやしくみを十分理解してから、給食当番の行動項目のステップを足していった点も重要でした。

「ABCで解決！チャート」を見ながら、解決策を考える練習をしてみましょう！

この事例は「係活動に取り組んでくれない」と相談されていた事例でした。これをチャート上の**「やってくれない問題」**と捉え、**第1章**で学んだ内容を生かして考えてみましょう。

育てるステップ1　スモールステップの目標設定

②課題分析とチェイニング
❶行動を要素に細分化する「課題分析」p23
❷行動の各ステップを練習してつなぎ合わせる「チェイニング」p25

係活動に取り組まなかったタクトさんと同じような「全く取り組んでくれない（取り組むことができない）」というケースについて **23 〜 27 ページ**の内容を参考にして解決策を考えていきましょう。

⇒ **ポイント1**　最終ゴールを設定する
⇒ **ポイント2**　課題分析を行う
⇒ **ポイント3**　順行チェイニング、逆行チェイニング、全課題提示法の中から1つを選ぶ
⇒ **ポイント4**　適切なプロンプトを使い、記録をとりながら練習を重ねる

● 教えようとするスキルは何ですか？
● 課題分析してみましょう。各ステップは具体的な「行動」として設定されていますか？　各ステップの細かさは子もの実態に合っていますか？
● 行動要素のつなぎ方を選ぶことはできましたか？　基本的には、「逆行チェイニング」が効果的なのでオススメです。だいたいできている場合は全課題提示法、ステップの後ろのほうに子ども本人が不安なことや苦手なことがある場合

は順行チェイニングも検討してみましょう。
- 34ページの図を参考に記録用紙を作りましょう。「できたかできなかったか」だけではなく、「どのようなプロンプトが必要であったか」まで記録できればベターです。

> ・タクトさんの場合、まずは給食当番の係活動を標的行動としました。

アヤノ先生

> ・給食当番の活動を課題分析して4ステップに分解しました。いずれも「具体的な行動」で、それが起きているか起きていないか客観的に記録することができました。

> ・行動のつなぎ合わせ方としては、逆行チェイニングを選択しました。結果的にこれがうまくいった大きな要因であったと思います。

> ・課題分析した行動項目ごとに記録をとりました。プロンプトはモデリング(モデルを示すこと)を使いました。でもモデリングしか使っていなかったことが後になって問題になったんですけど……

「ABAで解決！チャート」を見ながら、解決策を考える練習をしてみましょう！

育てる ステップ3 やりたくなるしかけづくり　⑥トークンエコノミー p45
（「待てない」と「飽きてしまう」を防ぐごほうび交換システム）

　アヤノ先生は課題分析と逆行チェイニングに加え、タクトさんに対してトークンエコノミーを用いました。**45〜47ページ**の内容を参考にして、トークンエコノミーを活用する際のポイントを振り返ってみましょう。

⇒ **ポイント1**　トークンの対象となる行動を具体的に設定する（何をどれくらいやればいいのか明らかにしておく）

⇒ **ポイント2**　何をトークンにするのか決める（シール、カード、ポイントなど）

⇒ **ポイント3**　トークンと交換できる強化子（バックアップ強化子）を決める

⇒ **ポイント4**　トークンとバックアップ強化子の交換のタイミングを決める

⇒ **ポイント5**　以上の❶〜❹について子どもに説明して理解してもらう

- トークンを伴わせる行動は何ですか？
- 何をトークンにしますか？　子どもにとってわかりやすくて安全で、大人が管理しやすいものがオススメです。
- バックアップ強化子は何に設定しますか？　子どもの好みを反映させることが大切です。また飽きないようにするために毎回のバックアップ強化子はいくつかの選択肢から子どもに選んでもらうとよいかもしれません。
- バックアップ強化子の交換はいつしますか？　あるいはど

れくらいの頻度でやりますか？ 特に待つことが苦手な子どもの場合、最初はなるべくトークンとバックアップ強化子の交換は頻繁に、間隔を短く設定するほうがうまくいきやすいです。少しずつ間隔を長くとるようにしましょう。

● 以上のことをいつ、誰が、どのように子どもに説明しますか？ 子どもがきちんと理解して納得して取り組むことが大切です。子どもが楽しんで取り組めるようにしましょう。

> ・タクトさんの場合、「やることリスト」に示した行動項目をプロンプトなしでできた場合にトークンを提供することにしました。

リサ先生

> ・トークンはアヤノ先生が用意した「やることリスト」に貼ったシールですね。さらにその累積数を「チャレンジノート」でグラフ化しました。

> ・バックアップ強化子は、トークンが10、30、50、100たまるごとに交換するようにしました。

> ・アヤノ先生が支援学級でタクトさんに個別的に説明をしてくれました。「やることリスト」や「チャレンジノート」を見せながら説明してくださったそうです。タクトさんは、ゲーム感覚で本当に楽しそうに取り組めていました。

事例 4 アヤノ先生からの相談再び！

モデルを示せばできるのに、示さなければできないタクトさん

キーワード プロンプト

ケンイチ先生♣ アヤノ先生、こんにちは。お久しぶりです。その後、タクトさんの様子はいかがですか？

アヤノ先生♥ 実は、同じやり方で掃除の活動にも取り組んでみたんです。掃除の活動を課題分析をして、逆行チェイニングを使って、さらにタクトさんがうまく取り組めないときにはモデルを示して練習しました。ところが、今度はそれがうまくいかないんです。

ケンイチ先生♣ 掃除の活動はどんなふうにうまくいきませんか？

アヤノ先生♥ それがもう最初の段階からつまずいてしまって、なかなかステップを足していけない状況なんです。具体的には、私がモデルを示したときにはそれをまねてやってくれるんですが、モデルがなければうまくできないんです。その状態がもうずっと続いてしまっていて停滞しています。

ケンイチ先生♣ 掃除の活動の課題分析表を見せていただくことはできますか？

アヤノ先生♥ これです。どこかおかしいところがあるでしょうか？

ケンイチ先生♣ いえ、うまく課題分析できていると思いますし、ステップの細かさもタクトさんのスキルの実態によく合っていると思います。

第1章のステップを使って解決しましょう。

ケンイチ先生♣

◎問題の理解と解決の観点

ケンイチ先生♣ モデルの示し方がよくなかったというわけではなく、プロンプトとしてモデルを示す方法しか使わなかったというところが原因かもしれません。おそらく給食当番よりも掃除のほうがタクトさんにとっては難しかったため、プロンプトのより細かな提示方法の検討が必要であったのだと思います。

アヤノ先生♥ プロンプトには、モデルを示すほかにもやり方があるということでしょうか？

ケンイチ先生♣ そのとおりです。プロンプトにはいくつかの種類と強さの段階があります。ちなみにモデルを示すのは結構「強いプロンプト」なんです。

アヤノ先生♥ 「強いプロンプト」はよくないやり方なんですか？　どうせプロンプトをするのであれば、しっかりとやったほうが効果的だと思っていました。

ケンイチ先生♣ 確かに「強いプロンプト」が必要で効果的な場合もあるのですが、どのくらいの強さのプロンプトがよいかということは、子どもの状態によるんです。

アヤノ先生♥ こちらがただ一生懸命に手伝えばいいというわけではないんですね。どのような状態のときに、どのような

プロンプトを用いればいいんですか？

ケンイチ先生♣ 新しいスキルを練習しているときに提示するプロンプトの原則は「必要最低限」です。子どもが「自力」で行動している部分は、強いプロンプトを使っているときは小さく、逆に弱いプロンプトを使っているときは大きくなると考えられます。

つまり子どもが「自力」でやっている部分を大きくするために、プロンプトを強いものから弱いものへと移していく必要があるんですね。

アヤノ先生♥ なるほど。タクトさんの掃除活動の練習でも「弱いプロンプト」をモデルを示すことと併用すればいいということですね？

ケンイチ先生♣ はい、それでうまくいく可能性は高いと思います。

プロンプト以外のことについても確認しておきたいのですが、給食当番の活動を教えるときに使っていた写真カード付きの「やることリスト」とトークンエコノミーは、掃除を教えるときにも使っていますか？

アヤノ先生♥ いえ、実はもうなくても大丈夫だろうと思って写真カード付きの「やることリスト」は使わないことが多かったです。トークンエコノミーは掃除に対しては使っていませんでした。

ケンイチ先生♣ それでは「やることリスト」とトークンエコノミーは給食当番の活動を教えたときと同じ条件に戻して復活させてみましょう。

トークンは実際に提供される機会が少なくても、スケジューリングの際にその約束を思い出してもらうだけでも、ある程度の効果が期待できると思いますよ。

◎支援計画の立案

　アヤノ先生は再び交流学級担任のリサ先生と相談して、掃除活動の課題分析を見直し、各行動項目の内容がタクトさんに伝わりやすい画像がどのようなものか考えて、あらためてデジカメで撮影しました。そして、「やることリスト」における掃除活動の行動項目ごとに画像を添付し、タクトさんが具体的に何をどれだけすればよいのかわかりやすくなるように工夫しました。

　モデルを示すしかなかったプロンプトは次の図のように階層的に提示するようにしました。ケンイチ先生は、プロンプトの種類と階層性とともに「少し待つ」ことも重要であることをアヤノ先生に説明し、最初のプロンプトを提示するまで、そしてプロンプトの段階を進めるまでにだいたい3秒くらいは待つようにアドバイスしました。さらに、プロンプトありで達成できた場合もしっかりとほめることが重要であることを確認しました（ただし、トークンを提供するのは援助なしでできた場合に限りました）。

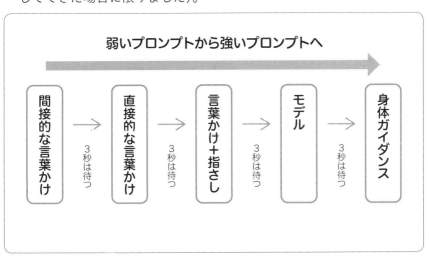

◎支援の成果

　仕切り直し初日、まずアヤノ先生は特別支援学級で、掃除活動の「やることリスト」（はじめは最後の１ステップだけですが）を示して、その内容を簡単に説明し、さらに復活したトークンエコノミーの手続きについても説明を行いました。そして、問題行動の予防効果も狙い、タイミングを遅らせてタクトさんに掃除の活動に参加してもらいました。するとやはりこれまでのようになかなかうまく取り組めず、タクトさんはアヤノ先生やリサ先生のほうをチラチラ見ていました。ここでアヤノ先生は計画どおり言語によるプロンプトを与えましたが、タクトさんはこれではうまく行動することができず、3番目の「言葉かけ＋指さし」のプロンプトでうまく行動できたため、アヤノ先生とリサ先生はタクトさんに「そうそう、それでいいんですよ！ とても上手！」と称賛しました。

●「間接的な言葉かけ」で行動できた

　翌日も同じ条件で練習を行ったところ、今度は１つ目の「間接的な言葉かけ」でタクトさんは行動することができました。数日間同じ条件で練習を続けたところ、3日後には援助なしで行動できるようになり、アヤノ先生は「あれだけお手本がないとできない状態が続いていたのに、たった3日間でできるようになるなんて」と驚きを感じていました。

　その後は逆行チェイニングの手続きに従い、ステップを前に加えていきましたが、その先はいずれも給食当番活動のときと同様にスムーズに進んでいき、結局2週間ほどで掃除活動は最初から最後まで援助なしでできるようになりました。

◎解説

　このケースでは、116ページの事例3と同じアヤノ先生とタクトさんが登場しましたが、今度はプロンプトの系統性とそのフェイディングが中心的な課題となる事例でした。アヤノ先生は、給食当番の活動を教える際、プロンプトとしてモデルを示すだけでうまくいっていましたが、掃除の活動はタクトさんにとってより難しかったようで、自力でできるようになるためには系統的なプロンプトが必要となりました。

　あるスキルを練習する際のプロンプト（29ページ参照）の出し方は「必要最低限」が基本であり、その基本を守りながら練習を進めていくためにはプロンプトの系統性が必要となります。具体的には、強弱に違いのある複数のプロンプトが準備されており、子どもの状況に応じて弱いほうから強いほうへ、あるいは強いほうから弱いほうへ計画的に提示されていくことが必要です。そのような練習の蓄積によって、子どもはより弱い段階のプロンプトで行動できるようになり、やがてはプロンプトがなくても行動できるようになっていくのです。

　また、事例4は「評価と修正」のプロセスに取り組んだ事例でもあります。以前に同様の手続きがうまくいったにもかかわらず、予想外にうまくいかない場合は、行動の「A」、「B」、「C」の相違点について検討し、なるべくうまくいっていた条件と同じ条件を整えることが重要です。今回の事例の場合、以前うまくいっていた「やることリスト」とトークンエコノミーを新しい課題において復活させましたが、プロンプトの提示方法の検討と併せて、これらの修正も成功の要因であったと考えられます。

「ABCで解決！チャート」を見ながら、
解決策を考える練習をしてみましょう！

この事例は、事例③の続編ですが、「援助がないとやってくれない」という新たな問題が起きてしまったケースです。これもチャート上の**「やってくれない問題」**と捉え、**第1章**で学んだ内容を生かして考えてみましょう。

（1人で行動できるようにするための計画的な手がかりの提供）

新しくチャレンジした掃除の活動にうまく取り組むことができなかったタクトさんと同じような「援助に依存してしまう」というケースについて**29〜35ページ**の内容を参考にして解決策を考えていきましょう。

⇒ **ポイント1** 子どもに合ったプロンプトを複数用意しておき、その「強弱」の順序性について考えておく

⇒ **ポイント2** プロンプトを「弱いほうから強いほうへ」提示するのか、「強いほうから弱いほうへ」提示するのかを決める

⇒ **ポイント3** 最初のプロンプトを提示するまでどれくらい待つのかを決めておく。また、最初のプロンプトで子どもがうまくできない場合、次のプロンプトを試すまでにどれくらい待つのかも決めておく

⇒ **ポイント4** 記録をとりながら練習を重ねる

- そのお子さんに対してどのような種類のプロンプトを使うことができそうですか？
- プロンプトの強弱の順序性について、考えてみましょう。ケースバイケースですが、一般的には弱いほうから間接的な言葉かけ→直接的な言葉かけ→指さし・視覚的な手がかり→モデルを示す→身体ガイダンスです。
- プロンプトは弱いほうから強いほうへ提示しますか？ それとも強いほうから弱いほうへ提示しますか？ 一般的には「弱いほうから強いほうへ」が早く達成できます。子どもが失敗体験に過剰に反応してしまう場合は「強いほうから弱いほうへ」を試してみましょう。
- プロンプトを提示するまでどれくらい待ちますか？ タイミングが早すぎるとプロンプトへの依存を生みやすくなります。少なくとも3秒は待ちましょう。

> ・タクトさんにはモデルを示すだけではうまくいかなくなってしまいましたが、言葉かけや視覚的な手がかりも併用したらうまくいきました！

アヤノ先生

> ・タクトさんは「弱いほうから強いほうへ」というプロンプトの提示方法でうまくいきましたね。

> ・プロンプトをすぐに提示したくなるんですが、3秒は待つようにしました。でも、もうちょっと待ってみてもよかったかも。

事例 5

カナ先生
（小学校5年生の
通常学級の担任）
からの相談

クラスメートとトラブルが絶えないシンヤさん

キーワード 機能的アセスメント（要求）

カ ナ 先 生♥ 私が担任する学級にシンヤさんという男の子がいるのですが、彼がなかなか集団に合わせた行動ができずにトラブルメーカーになっています。まあ本当にいろいろな場面でさまざまなトラブルが次から次に起こるのですが、最も典型的なのは休み時間のボールの取り合いです。学級にはみんなで使うためのドッジボールが1つ、サッカーボールが1つあるのですが、シンヤさんはそれらのボールを独り占めしたがるんです。

ケンイチ先生♣ 周りの子どもたちもみんなボールで遊びたいでしょうから、当然黙ってはいないでしょうね。

カ ナ 先 生♥ そうなんです。周りの子どもたちはボールを取られまいと抵抗するんですが、そうするとシンヤさんはその相手をたたいたり蹴ったりして無理矢理ボールを奪ってしまうんです。

ケンイチ先生♣ これまで先生はトラブルが起きてしまったときにどのように対応されてきたんですか？

カ ナ 先 生♥ これはシンヤさんだけではなく、学級の子どもたち全員に伝えていることですが、相手の立場に立って、もし自分が同じことをされたらどれだけ嫌な気持ちになるか想像するように言い続けてきました。

ケンイチ先生♣ シンヤさんに対してはどうでしたか？　先生が伝えた

第2章のステップを使って解決しましょう。

- 解決する ステップ1 問題の理由を探り出す → ①機能的アセスメント p51（問題となる行動の機能をつかむ）
- 解決する ステップ2 目標を設定する → ②代替行動 p55（適切な行動の習得を目標にして、問題となる行動と置き換える）

ケンイチ先生♣

いことは伝わっているようでしたか？

カ ナ 先 生 ♥ いいえ、まったくダメです。問題行動はずっと変わっていないし、それどころか最近はさらに私の言うことを聞かなくなってきているように思います。

◎問題の理解と解決の観点

ケンイチ先生♣ シンヤさんはボールの取り合いをする以外で、何か周りの子どもたちとトラブルになることはありますか？

カ ナ 先 生 ♥ 自分が不利になりそうなときに、遊びのルールを勝手に変えてしまったりします。周りの子どもは当然クレームをつけるのですが、そうなるとまた手や足が出るので、最近では周りの子どもたちもしかたなくいやいやそれに付き合っているという状況です。

ケンイチ先生♣ 問題となっているシンヤさんの行動の目的・機能は、自分が欲しいものを手に入れたり、相手を自分の思うようにコントロールすることである可能性が高そうですね。

カ ナ 先 生 ♥ きっとそうだと思います。

ケンイチ先生♣ 「相手のことを考えて我慢すること」はシンヤさんにとっての重要な目標の1つであると思いますが、これ

はどちらかといえば「長期目標」なのかなと思います。さしあたってシンヤさんに必要なのは、「我慢すること」よりも、「適切にコミュニケーションをして自分の要求を充足すること」かもしれませんね。

カナ先生♥ そういえば、もともと口下手なところがあって、授業でも発表したり、自分の意見を書いたりすることはとても苦手です。

ケンイチ先生♣ やはり最初の目標は、「適切なコミュニケーションスキルの習得」ということになりそうですね。
それと併せて、相手と交渉しても自分の要求が100%はとおらないこともあるので、要求の充足を少し待ってみたり、相手の状況に合わせて妥協したりすることも長期的に練習できればいいですね。

カナ先生♥ 私は今までずっと「シンヤさんには相手を思いやる気持ちが足りない」とばかり考えていて、「コミュニケーションをスキルとして練習することが必要」という発想をまったくもっていませんでした。

ケンイチ先生♣ 一般的には「反省すると行動が変わる」、あるいは「反省しないと行動は変わらない」と思われていて、問題行動を起こす子どもたちの多くは、ただ反省するように促されています。しかし、このやり方だと「反省のしかただけ」上手になっていく場合が多いんですね。やはり問題となっている行動を変えるためには「行動のABC」に対して包括的にアプローチする必要があります。それに実際には「行動が変わると考え方や意識も変わる」ということもけっこうあるんですよ。

◎支援計画の立案

　ケンイチ先生は、カナ先生からさらにシンヤさんに関する情報を聞き取り、下の図のようにまとめました。

　まず目標にしたのは、「適切に要求する」ということです。最初はシンヤさんに対して個別的に指導を行ったほうが効果的であると考えられたため、近隣にある通級を利用することを検討しました。

　ケンイチ先生とカナ先生は隣の小学校の通級を担当するアカネ先生と連携を取り、シンヤさんに対する指導の目標と方法について協議しました。シンヤさんは週に2回他校通級を行い、そこで「もの」「遊びや活動」「援助」「休憩」などさまざまなことを言葉で適切に要求することを実際の機会の中で練習しました。

　次に長期的な目標として、要求した後、強化されるまでの時間を少しずつ待てるような練習を行いました。また、要求がそのままかなそうにない場合に、相手と交渉してほかのことで妥協したり、交替で使うようにするなど、双方が納得できる解決策を模索することを標的としたコミュニケーションの練習も行いました。

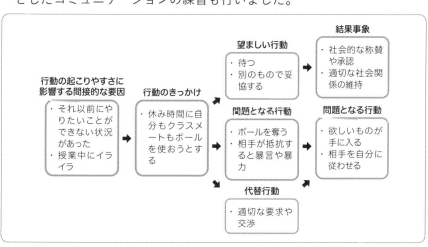

◎支援の成果

　最初、シンヤさんはアカネ先生との練習の中でなかなかうまく言葉で要求することができず、教室にある物などを許可なくパッと取り上げてしまうなどの行動が目立ちました。しかしアカネ先生は、そのつどいったん制止し、本来言うべきであったフレーズを模倣させ、模倣できたら制止を解くという練習を繰り返し行いました。次第にシンヤさんは、アカネ先生のプロンプトがなくても適切な要求のコミュニケーションを自分から取れるようになっていきました。今でもたまに思わず取り上げてしまうこともあるのですが、アカネ先生の「そうじゃなくて、そういうときはなんて言うんだっけ？」というプロンプトに応じられるようになっていきました。

　次にアカネ先生は通級を利用しているほかの児童を相手にして、シンヤさんが同様のコミュニケーションを練習するように設定しました。今度は相手もなかなか待ってくれたり譲ってくれたりすることがないため、もとのようなトラブルが起きてしまうこともありました。しかし、アカネ先生を相手にしたときと同じ要領で練習を繰り返すと、徐々に言葉で適切に要求することができるようになってきました。

●「待つ」ことに取り組む

　さらにアカネ先生が取り組んだのは、要求した後、それが充足されるまでの間に「待つ」ことでした。シンヤさんが「〇〇ください」「〇〇したいです」とコミュニケーションできたことに対して、最初はすぐに対応していましたが、徐々に「今すぐは難しいので5分待ってね」「午前中は難しいので、午後にその時間をとりましょう」「今日は難しいので、明日絶対にやろうね」など、待たせることにしました。最初シンヤさんはかなりイライラした様子を見せて暴言を吐いたりしてい

ましたが、アカネ先生が待てたことをしっかりとほめ、また先に延ばした約束は必ず守るようにしたため、シンヤさんの抵抗感は軽減していったようでした。

　3か月経ったあたりから、カナ先生は通常学級の中でもシンヤさんが変わってきたと感じるようになりました。リカ先生が児童全体に対して、「適切に言葉で要求すること」「相手と意見が合わない場合は話し合い、互いに納得のできる落としどころを探ること」について具体例をあげながら教え、みんなで定期的に練習したところ、学級の中のトラブルは激減し、今ではほぼ起こらなくなりました。

◎解説

　シンヤさんの問題となる行動は主に要求の機能をもち、カナ先生とアカネ先生は、短期目標としてまずは適切に言葉で要求することを設定して指導に取り組みました。最初はアカネ先生が相手になり、系統的なプロンプトを与えながら練習を行い、安定して適切な要求行動が自発するようになった時点で今度はほかの児童を相手に練習を行うという段階的な計画が立てられました。また、強化のタイミングが遅くなることへの耐性を身につけるため、スモールステップで系統的な練習を行ったこともポイントでした。

●通常学級でのコミュニケーションの指導

　カナ先生は、シンヤさんが通級で学んだことをアカネ先生から詳しく教えてもらい、それとほぼ同じ内容を通常学級の児童全体に対しても指導しました。コミュニケーションの指導は個別的なものに加えて、カナ先生が行ったようにクラス全体で併せて実施すると、個別的な成果が般化しやすくなり、また学級全体の底上げにもつながります。

事例 6 不安なことからすぐに逃げてしまうヒカリさん

マナミ先生（小学校6年生の通常学級の担任）**からの相談**

キーワード 機能的アセスメント（逃避）

マナミ先生♥ うちの学級のヒカリさんは、目立った問題行動を起こすというわけではないんですが、どこか自信がないというか内気というか、困難なことからすぐに逃げてしまうタイプなんです。もっと苦手なことや困難なことにも立ち向かえるようになってもらいたいと思うんですが……。

ケンイチ先生♣ なるほど。マナミ先生はヒカリさんのどういったところから「自信がない」とか「内気」という印象をもっているのですか？

マナミ先生♥ 私と2人で話すとき、ヒカリさんから「自信がもてない」とか「人前で失敗するのが恥ずかしいからやりたくない」といったことをしばしば聞きます。また、ヒカリさんはかなり頻繁に授業中に何も言わず保健室に行って体調不良を理由に休んでいることがあります。これはたまになのですが、朝から家族に体調不良を訴えて学校に来ないこともあります。

ケンイチ先生♣ マナミ先生は、どうしてヒカリさんがそのような発言や行動をするのだとお考えですか？

マナミ先生♥ 新しいことや失敗する可能性のあることに対する不安や緊張が強いんだと思います。一方で、ヒカリさんには「完璧主義」なところもあるように思います。

ケンイチ先生♣「完璧主義」と「失敗に対する不安や緊張」は、同じこ

第2章のステップを使って解決しましょう。

解決する ステップ1 問題の理由を探り出す → ①機能的アセスメント p51
（問題となる行動の機能をつかむ）

解決する ステップ2 目標を設定する → ②代替行動 p55
（適切な行動の習得を目標にして、問題となる行動と置き換える）

ケンイチ先生♣

との表と裏の関係です。「完璧にできないのであれば、そこにはいたくない」ということなのかもしれませんね。

マナミ先生♥ なるほど。「完璧にしたい」と思いすぎていて、それで疲れてしまっているんですね。

ケンイチ先生♣ 何か特定の教科や活動で「許可なく保健室に行く」という行動が起きやすいということはありますか？

マナミ先生♥ そう言われてみれば、算数と体育で「気がつけばヒカリさんがいなくなっている」ということがよくあるような気がします。

ケンイチ先生♣ では、どうしてその2教科なんでしょうか？

マナミ先生♥ ほかの教科に比べて少し苦手なうえに、人前で答えたり実演する機会が多いからだと思います。

◎問題の理解と解決の観点

ケンイチ先生♣ ヒカリさんは、苦手な教科や活動で失敗するという状況、またそれを周りの子どもたちに見られてしまうことを回避するために、その可能性を感じ取った時点でそこから立ち去っているのかもしれませんね。

マナミ先生♥ もしそうだとすれば、私はやはりヒカリさんに考え方

を変えてもらいたいと思います。今からそうやっていろいろなことから逃げていると、今後、不安なことすべてから逃げて生きていかなければならなくなります。ヒカリさんにはもっと強いメンタルを身につけてほしいと思います。

ケンイチ先生♣ 私は「いずれはこうなってもらいたい」という長期目標と「さしあたってこれはできてほしい」という短期目標をそれぞれ設定して、並行して取り組んでいくのがよいと思います。

マナミ先生♥ ヒカリさんの長期目標は、どういったものになりそうですか？

ケンイチ先生♣ 不安を感じてもとりあえずやってみる習慣を身につけることでしょうか。実際にそれをやってみることによって、不安が軽減することも多いんです。

マナミ先生♥ それでは、ヒカリさんの短期目標は何になりますか？

ケンイチ先生♣ 私は「もっとうまく逃げること」を教えてあげたいと思います。例えば、無断で保健室に逃げ込むのではなく、きちんと先生に伝えてから保健室を利用するとか、不安に思っていることを自分から事前に先生に相談しておくとか、わからないことを自分から質問することによって「わからなくて不安」という状況を適切に回避するといったことです。

マナミ先生♥ 「逃げないこと」を長期目標にするのに、「逃げること」を短期目標にするのは、矛盾しているように感じます。

ケンイチ先生♣ 確かにそう感じますよね。ヒカリさんの支援における真の目標は「逃げないこと」というより「安心して学

校生活を送る中で、必要なスキルを身につけ、少しずつ自分の課題に向き合えるようになっていくこと」であると思います。そう考えると、この短期目標と長期目標は実は矛盾していなくて、むしろ系統的なスモールステップになっていると考えられます。

◎支援計画の立案

短期目標の「代替行動」と長期目標の「望ましい行動」に同時並行的に取り組むことにしたマナミ先生は、ヒカリさんへ次の5点を説明しました。

❶難しいと思われる課題や活動にも、とりあえずチャレンジしてみることが大切であること
❷失敗しないことが重要なのではなく、失敗したとしてもうまく周りから援助を得てやり遂げることが重要であること
❸練習を繰り返すことによって不安な気持ちは軽くなっていくこと
❹不安になったりつらくなったりするのは自然でしかたがないこと
❺最初の段階で大切なことは「不安にならないこと」や「全部放り出して逃げること」ではなく、「上手に対処すること」

そして、❶〜❸を目標に設定することを話し合った結果、ヒカリさんは目標の重要性について十分理解できていた様子でした。

また、適切な保健室利用の方法や、援助の求め方などについても話し合いました。

●事前に内容や予定を伝える

❶不安を感じやすそうな教科や活動については、マナミ先生が事前に具体的な内容や予定をヒカリさんに伝えておき、ヒカリさんがその情報をもとに事前に参加するかどうかを判断できるようにしました。

❷マナミ先生と約束しておいた適切な保健室利用は基本的にすべて許可し、援助の要求にもなるべく迅速に応えることを約束しました。

❸さらにマナミ先生は、ヒカリさんとの「交換ノート」を作り、ヒカリさんが不安に思うことや心配なことを把握し、それに取り組めた際にノートに称賛するコメントを書き込みました。このノートのやりとりの中で、不安を感じながらも取り組めたことがあった場合、ヒカリさんに「不安の度合い」を10段階で評価してもらい、経験を積み重ねるごとに不安が低減していくことを一緒に確認するようにしました。

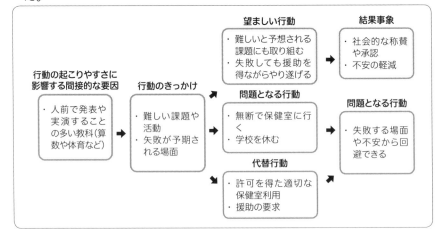

◎支援の成果

「交換ノート」を始めた当初から、ヒカリさんは不安に感じることを細かく記入したため、マナミ先生が詳細を知るのにとても役に立ちました。また、「交換ノート」を介して、マナミ先生からヒカリさんへ予定の詳細を知らせ、ヒカリさんが事前に参加の可否について検討できるようになったことで、ヒカリさんが学校を休むことはほぼなく

なりました。

●苦手だと感じた課題にも取り組めるようになった

　保健室の利用に関するルールもヒカリさんは最初から守ることができました。算数や体育の時間など、ヒカリさんが苦手だと感じていた課題や活動にも徐々に取り組める時間が増えていき、それに伴い保健室を利用する頻度は減っていきました。

　また、ヒカリさんはマナミ先生との「不安の度合い」の振り返りをとおして、実際にやる前は不安だったり怖かったりしたことが、繰り返し経験することによってその不安が低減していくことに気づき、「実際にやってみたら大したことがなかった」と何度かコメントすることもありました。

◎解説

　ヒカリさんの事例は、失敗に対する予期不安が背景にある逃避の機能をもつ行動問題であったと考えられます。機能的アセスメントの枠組みで情報を整理し、短期目標と長期目標を設定し、包括的な行動支援計画が検討・実行された結果、問題の解決へと向かっていきました。

　マナミ先生が考案した「交換ノート」は、周囲の目が気になり、人目につく形で援助を求めたり相談したりすることが難しくなる年代の子どもによく合っていたといえます。ヒカリさんはこのやりとりをとおして、マナミ先生に自分の不安や心配を理解してもらえているという安心感を得ることができたと考えられます。ヒカリさんが「安心できる環境で自分のペースで不安に向き合うことができれば、不安はやがてなくなっていく」という見通しを得られたことは、ヒカリさんが今後新たに出会う不安の原因にも適切に対処できる可能性を高めたと考えられます。

「ABAで解決！チャート」を見ながら、
解決策を考える練習をしてみましょう！

事例5と事例6は「やめてくれない問題」と捉え、第2章「問題となる行動を解決する3ステップ」の流れにそって作戦を考える練習をしていきたいと思います。

問題行動の「機能」のタイプが異なる2つのケースに対して支援計画を立ててみる練習をしてみましょう。

まずは、事例5のカナ先生から相談されたシンヤさんの事例は、自分が欲しいものを手に入れたり、相手を自分の思うようにコントロールすることを目的として問題行動を繰り返しているケースでした。

解決する ステップ1 問題の理由を探り出す → **①機能的アセスメント** p51
（問題となる行動の機能をつかむ）

⇒ **ポイント1** 問題行動を具体的に記述する（問題となっている「B」を明確にする）

⇒ **ポイント2** 問題行動の先行事象と結果事象（問題行動の「A」と「C」）を明確にする

- 減らしたい問題行動はどのような行動ですか？ 問題行動の理由を探り出す前に、まずはその行動を客観的に記述しましょう。みなさんが標的にしようとしている行動は誰が見てもそれが起こっているか起こっていないか判断できるくらい具体的ですか？
- 情報収集はどのように行いますか？ 情報収集の方法は大きく分けて「インタビュー」と「観察」の2つがあります。
- 集めた情報に基づき、問題となる行動が起こりやすい状況を整理しましょう。問題行動が起こる際の典型的な先行事

象は何ですか？ 53ページの表を参考にまとめてみましょう。
● 問題行動は何によって強化されているようですか？ 56ページの図を参考に仮説を立ててみましょう。

> **カナ先生**
> ・普段の様子を観察していると、シンヤさんの問題となる行動は、欲しいものを手に入れることや、相手を自分に従わせることを目的としていると推測することができました。機能的アセスメントの詳細は137ページの図に整理してあります。

> **マナミ先生**
> ・普段の様子を観察し、ヒカリさん本人にインタビューした結果、ヒカリさんの問題となる行動は、失敗する場面や不安から逃れることを目的としていると推測することができました。機能的アセスメントの詳細も144ページの図に整理してあります。

● マナミ先生がヒカリさんに行ったように、子ども本人にインタビューすることによって、本人にしかわからない情報が得られる場合があります。
● 可能であれば、対象となる子ども本人に機能的アセスメントや行動支援計画を立案するプロセスに参加してもらうことも検討しましょう。

「ABAで解決！チャート」を見ながら、解決策を考える練習をしてみましょう！

事例6のマナミ先生から相談されたヒカリさんの事例は、失敗しそうな活動から不適切な方法で逃避してしまうことを繰り返しているケースでした。

解決するステップ2　目標を設定する　②代替行動 p55
（適切な行動の習得を目標にして、問題となる行動と置き換える）

⇒ ポイント1　問題となる行動と置き換わる「代替行動」（短期目標）と「望ましい行動」（長期目標）の習得を目標設定する

⇒ ポイント2　代替行動は「問題となる行動と同じ機能」をもっている必要がある

⇒ ポイント3　代替行動と並行して、長期的な目標となる「望ましい行動」を考える

- 支援しようとしているお子さんは、「問題となる行動と同じ機能を果たす代替行動」を現在行うことができていますか？
  できていなければ教える必要があります。
- 問題となる行動の機能は、大まかには「何かを得ること」と「何かから逃れること」です。問題となる行動以外の方法でその目的を果たすことができるようにしてあげましょう。
- 長期的な目標となる「望ましい行動」は設定できていますか？

カナ先生

・シンヤさんの場合、短期目標となる代替行動として「適切に要求したり相手と交渉したりすること」を設定しました。

・ただし、いつもすぐに要求が充足されるとも要求したとおりになるとも限らないので、「待つこと」や「別のもので妥協すること」を長期目標となる「望ましい行動」として設定しました。

マナミ先生

・ヒカリさんには、まずは短期目標となる代替行動として「許可を得てから保健室を利用すること」を教えて約束しました。

・一方で、いつも保健室にいると、ヒカリさんがいろいろな新しいことを学ぶ妨げになると考えられました。そのため、「難しいと思われることにもチャレンジすること」や「失敗しても援助を得ながらやり遂げること」の重要性をヒカリさんに説明して長期目標として設定しました。

「ABAで解決！チャート」を見ながら、解決策を考える練習をしてみましょう！

- 解決する ステップ3　作戦を立てて実行に移す
  - ③3つの方略 p59
  - ④行動支援計画 p69
  - ⑤行動支援計画の評価と修正 p77

⇒ **ポイント1**　予防策を考える
⇒ **ポイント2**　短期目標としての「代替行動」と長期目標としての「望ましい行動」を指導するための計画を立てる
⇒ **ポイント3**　問題となる行動後の対応策を考える
⇒ **ポイント4**　実行可能性について検討する
⇒ **ポイント5**　評価と修正に関する計画を立てる

- 先行事象に対する方略は何か思いつきましたか？
  「予防策」は大きくは、次の3つです。
  1）問題となる行動のきっかけとなる状況をなくす
  2）問題となる行動のきっかけとなる状況を軽減させる
  3）適切な行動が起こりやすい状況をつくる
- 支援の対象となる子どもの実態に合わせ具体的な計画を立ててみましょう。
- 問題となる行動に間接的に影響していることはありませんか？
  70ページの表を参考に可能性のある要因を調整して問題となる行動を予防しましょう。
- 「代替行動」や「望ましい行動」を教える必要がある場合、その指導方法を計画しましたか？
  第2章の内容を参考に具体的な計画を立ててみましょう。
- 問題となる行動後の対応策は何か思いつきましたか？

問題となる行動よりも代替行動や望ましい行動を「より確実に、より大きく、より早く」強化しましょう。
- 考えた作戦は今あなたが支援を行おうとする現場において実行可能ですか？
72ページの内容をチェックして、作戦を実行するために必要な条件を整えたり、実行可能な作戦に調整したりするようにしましょう。
- 支援の効果を評価して修正する計画を立てましょう。78ページを参考に標的とする行動を記録にとり、視覚化して支援前後で比較できるようにします。そして79ページの図を参考に状況に応じた意思決定ができるように準備しておきましょう。

> ・シンヤさんの場合、通級のアカネ先生との連携も重要なポイントであったと思います。　〈カナ先生〉

> ・シンヤさんが通級で学んだ内容を通常学級でも取り入れるようにして、般化を促しました。

> ・ヒカリさんと「交換ノート」のやりとりをして、周囲の子どもたちに知られない形で個別的な関わりをもてたのは、とてもよかったです。　〈マナミ先生〉

> ・ヒカリさんは「不安」が問題だったんですが、先に「行動」を変えることによって、結果的に「気持ち」や「考え方」も変わってくることがわかりました。

事例 7　クラス全体が落ち着かなかった学級

カズヤ先生（小学校6年生の通常学級の担任）からの相談

キーワード ABC分析

カズヤ先生 ♠ 学級の子どもたちに、私の指示がとおりません。最初は数名の児童だけだったんですが、少しずつその問題が全体に広がっていってしまいました。私に力がないばかりに、もう学級がめちゃくちゃなんです。

ケンイチ先生 ♣ 学級全体で「子どもたちはこれができてほしいのにできていない」、あるいは「子どもたちにはこれをやめてほしいのにやめてくれない」といった「行動」をあげていただくことはできますか？

カズヤ先生 ♠ 「できていない行動」として気になるのは、例えば「授業開始時に教室に帰ってこない」「授業準備ができていない」「係活動や当番活動を真面目にやらない」「授業中の発言ルールを守らない」などがあります。自分で言っていて、あらためてできていないことが多いように思いますね。

ケンイチ先生 ♣ それでは「やめてほしい行動」はどうですか？

カズヤ先生 ♠ さっきの「できていない行動」と表裏になってしまうものも多いのですが、例えば「休み時間が終わっているのにダラダラ遊ぶこと」「授業が始まっているのにケジメがつかないこと」「係活動や当番活動でふざけてしまうこと」「授業中に勝手に話し始めたり、私語が多いこと」ですね。

第2章の3ステップを使って解決しましょう。

解決する ステップ3　作戦を立てて実行に移す

③3つの方略 p59
(「予防」「行動を教える」「行動後の対応」の3つの方略を立てる)

ケンイチ先生♣

ケンイチ先生♣ カズヤ先生、その「表裏」というのは非常に重要な点です。「できていないこと」ができてくれば、結果的に「やめてほしいこと」が自然と減っていくことが期待できるからです。

カズヤ先生♠ 叱ってばかりいる自分自身が嫌になっていたのですが、「望ましい行動を増やせば、問題となる行動は減っていく」と考えると、前向きに頑張れそうです。

ケンイチ先生♣ そうなんですよ、カズヤ先生。ところで先ほど先生は「最初は数名の児童だけが問題を示しているだけだったけれど、少しずつ問題が全体に広がった」ということを話していましたね。そのことについて、もう少し詳しくお聞かせいただけますか？

カズヤ先生♠ はい。最初は、トモアキさんというもともと落ち着きのない児童だけが問題を起こしているという状態でした。ところが、タカノリさんという男子児童が同調してしまって、同じような問題を示し始めたんです。さらにユウさんという女子児童が私を馬鹿にするような発言をするようになり、マユミさんとヨウコさんという2名の児童がそれに同調するようになり、一気に学級全体が「先生の言うことを聞かなくてもいいんだ」という雰囲気になってしまったんです。

◎問題の理解と解決の観点

ケンイチ先生♣ カズヤ先生は、具体的な目標として設定できそうな「行動」をいくつかあげてくださいました。

例えば、それは「休み時間が終わったタイミングで、授業準備ができていて、スムーズに授業を始めることができる」「係活動や当番活動に自発的に、適切に取り組む」「私語をすることなく、発言ルールを守って授業に参加する」といった3点くらいにまとめられそうでしょうか？

カズヤ先生♠ そうですね……でも、なんとかしないとならない人数が多すぎて……私1人では対応できそうにありません。

ケンイチ先生♣ カズヤ先生がおっしゃるとおりです。学級に先生が1人しかいない現状において、これだけ多くの児童に対して「個別的な支援を同時に実施すること」は不可能です。

なので、ここではいったん「個別的な支援」は置いておいて、「学級全体に対するアプローチ」について検討してみましょう。

カズヤ先生♠ 先生がご専門にされているABAというものは、個人を対象にするものではないんですか？

ケンイチ先生♣ 実は「集団」を対象にすることも可能です。「集団」に対するアプローチと「個人」に対するアプローチを併用することで、より効果的になるケースも多いのです。

◎支援計画の立案

　カズヤ先生は、整理した3つの行動を「学級目標」として明確に設定して、学級の児童全体に伝えることから始めました。その際、「子どもたち自身にとっての目標を達成することの重要性」や「目標を達成することのメリット、達成しないことのデメリット」などを6年生の子どもたちに響くように、中学校に入ってから必要とされることとして丁寧に、かつわかりやすく伝えることを心がけました。

●目標を達成するために子どもたちと考える

　さらに3つの目標それぞれの「A」、「B」、「C」について具体的に検討して、段階的に実行に移していきました。例えば、目標を達成するための具体的な行動は何であるかを児童と一緒に考えて、それをポスターにして教室に掲示したり（「A」に対するアプローチ）、係活動などを課題分析して学級全体で実際に練習したり、できていない児童に対する系統的なプロンプトを計画したり（「B」に対するアプローチ）、目標の達成度合いを学級全体に視覚的に示して称賛する（「C」に対するアプローチ）を計画しました。

　学級全体に対する称賛については、カズヤ先生が目標を達成できていた児童の人数をカウントして、その割合を棒グラフとして教室横側に掲示してある大きなグラフ用紙に書き込むようにしました（ただし、児童間の個人攻撃を避けるため、目標を達成できている児童とできていない児童は特定しないように配慮しました）。また、終わりの会で1日の振り返りを行い、学級の児童に自分たちで目標設定を行うよう促しました。カズヤ先生は、目標が達成できていた場合はそのことを称賛・承認するようにしました。目標が達成できていない場合は、そのことを叱責するのではなく、何をどう変えればうまくいきやすくなるのか、具体的なアドバイスを行うことにしました。

第4章 ステップ方式でケースを解決してみよう！

◎支援の成果

　カズヤ先生が新たな取り組みを始めてすぐに大部分の児童の行動がポジティブに変わりました。休み時間が終わるとすぐに教室に戻ってくる児童が大幅に増え、授業準備を適切に行う児童も増え、カズヤ先生は授業の開始がとてもスムーズになったと感じました。また、授業中の私語は大幅に減って、係活動に取り組む児童は大幅に増えました。

　カズヤ先生が名前をあげていた数名の児童は、なかなかすぐには変わらなかったのですが、徐々に全体に引っ張られるように行動が改善し、ついにはもとのようにトモアキさん1人が落ち着かないという状況になりました。今は、トモアキさんに対する個別的な支援を計画しています。

●個人攻撃をやめ、サポートの重要性を説明

　実は、取り組みを始めてしばらく経ったころに、「おい！ また〇〇のせいでグラフが短くなってしまった！」「いい加減にしろよな！ みんなやってるのにちゃんとやれよ！」という個人を攻撃したり非難したりする声があげられたことがありました。カズヤ先生から学級全体へ「頭ごなしに非難されると、やろうと思っていたこともやりたくなくなってしまう」「取り組めていないクラスメートを上手にサポートすることも学級全体の課題」と説明を行い、うまく取り組めていない児童に対するプロンプトのやり方を教示し、不満ではなく感謝の気持ちを互いに伝え合うことの重要性について説明しました。

　カズヤ先生は学級で取り組んだことや、その理論的な背景を同じ6年生を担任している2人に説明したところ、2人ともその取り組みに興味を持ち、取り組みを学年全体に広げていくことになりました。

◎解説

　本書でここまで解説してきた行動のアセスメントや支援は、基本的には「個人」を対象としたものでした。しかし、今回のカズヤ先生の学級の問題は、あまりにも支援を必要とする児童の人数が多く、それぞれの子どもに対して個別的な支援を検討して実施することは実際的に不可能であるという状況でした。同様の状況は、児童生徒数が比較的多い通常学級であれば、頻繁に起こり得ると考えられます。その際に重要になる観点は、まず「集団」を対象に支援方法を検討するということです。

　もちろん「集団」とは、それぞれに個性的な「個人」の集まりであるため、特定のアプローチに対してみんなが同じように応じるわけではなく、その反応は個人によってさまざまです。しかし、「全体として改善の方向へ向かう」ということが、特に今回のカズヤ先生の学級のように学級全体に問題が広がってしまっているケースにおいては重要です。

　このような集団全体に対するアプローチは、大多数の児童に対して効果的である場合が多いのです。効果を示さなかった児童に対しては、併せて個別的な支援を検討します。

●チームでの取り組みが広がっている

　今回の事例では、学年の先生たちがカズヤ先生の実践とその成果に関心をもち、取り組みは学年全体へと広がっていきました。

　今は海外において「学校規模ポジティブ行動支援」(School Wide Positive Behavior Support：SWPBS) という学校全体で多層的なアプローチを実施する取り組みが広がっており、日本においても少しずつ実践が始められています。

「ABCで解決！チャート」を見ながら、解決策を考える練習をしてみましょう！

このケースは、カズヤ先生から「学級がめちゃくちゃ」と相談された事例です。ここでもう一度、第１章で学んだ「ABC分析」に立ち返って解決策を考える練習してみましょう。

解決する ステップ3　作戦を立てて実行に移す

③3つの方略　p59
（「予防」「行動を教える」「行動後の対応」の３つの方略を立てる）

　カズヤ先生の学級と同じように、「学級全体が落ち着かない」「学級全体に対して指示がとおりにくい」というケースについて、解決策を考えていきましょう。今度は、「学級全体」を対象として「なぜやってくれないのか」を考える練習をします。

⇒ **ポイント1** 学級の全体的な問題を「やってくれない行動」や「やめてくれない行動」がある「行動の問題」として具体的に捉える
⇒ **ポイント2** 取り組むべき行動が複数ある場合は、優先順位を考える。全般的によい効果が波及されそうな行動、あるいは取り組みやすい行動を優先する
⇒ **ポイント3** ABC分析を行う
⇒ **ポイント4** 「A」「B」「C」それぞれに応じた作戦を立てて、実行する

●みなさんの学級では何が問題になっていますか？
何をやってくれないことが問題であるのか、何をやめてくれないことが問題であるのか、学級の問題を「行動の問題」として具体的に捉えて整理してみましょう。

- 子ども個人の行動に対して行うのと同じように、学級全体の行動の問題に対してもABC分析を行います。「やってくれない問題」の原因は「A」「B」「C」のどこにありそうですか？
- 基本的な方針は事例1で検討したのと同じです。「わかりやすく伝える」(A)、「うまくできないことは練習する」(B)、「望ましい行動はきちんと強化する」(C) という方針で支援に取り組みます。

> ・うちの学級は「とにかくめちゃくちゃ」で「どうしようもない」と思っていましたが、3つの「行動の問題」に整理することができ、「やりようはある！」とわかりました。
>
> ・「行動の問題」として捉えることができれば、ABC分析をして、さらに問題を細分化して考えることもできました。そして、それが具体的な方略を考えることにつながりました。
>
> ・「集団」とは「個人の集まり」なので、学級全体に対するアプローチの効果には当然のことながら個人差があります。しかし、「全体の底上げ」をまずやっておくことの大切さを知ることができました。

カズヤ先生

第4章 ステップ方式でケースを解決してみよう！

3ステップで行動問題を解決するハンドブック
小・中学校で役立つ応用行動分析学

2019年 5月 9日　第1刷発行
2024年 1月25日　第6刷発行

著　　者	大久保賢一
発 行 人	土屋 徹
編 集 人	滝口勝弘
企画編集	東郷美和
編集協力	浅原孝子
デザイン	藤崎知子（トライ スパイラル）
イラスト	ニシハマ カオリ
発 行 所	株式会社Gakken 〒141-8416　東京都品川区西五反田2-11-8
印刷・製本所	中央精版印刷株式会社

●この本に関する各種お問い合わせ先
本の内容については、下記サイトのお問い合わせフォームよりお願いします。
　https://www.corp-gakken.co.jp/contact/
在庫については　Tel 03-6431-1250（販売部）
不良品（落丁、乱丁）については　Tel 0570-000577
　学研業務センター　〒354-0045 埼玉県入間郡三芳町上富279-1
上記以外のお問い合わせは　Tel 0570-056-710（学研グループ総合案内）

Ⓒ Kenichi Ohkubo　　2019 Printed in Japan

本書の無断転載、複製、複写（コピー）、翻訳を禁じます。
本書を代行業者等の第三者に依頼してスキャンやデジタル化することは、
たとえ個人や家庭内の利用であっても、著作権法上、認められておりません。

●複写（コピー）をご希望の場合は、下記までご連絡ください。
日本複製権センター　https://jrrc.or.jp/
E-mail:jrrc_info@jrrc.or.jp
Ⓡ〈日本複製権センター委託出版物〉

●学研グループの書籍・雑誌についての新刊情報・詳細情報は、下記をご覧ください。
学研出版サイト　https://hon.gakken.jp/
ヒューマンケアブックスのサイト　https://www.gakken.jp/human-care/